天津红光中学航天科普剪影

1 参观发射中心

参观西昌卫星发射中心

在西昌卫星发射中心参观

在西昌卫星发射中心与专家合影

参观太原卫星发射中心

与航天员见面会

参观北京航天控制中心大厅

参观神舟七号展览

"希望号"奥运星搭载
方案评审会答辩现场

希望号卫星搭载方案答辩现场

图解载人航天

我国载人航天工程，经过多年的奋力拼搏，已经连续取得了四次不载人试验飞行和三次载人飞行的成功。这项宏伟工程包括七大系统，其技术日趋成熟，实现了安全性和可靠性，完全可以保证飞行的成功。

1.航天员系统

　　载人航天首先是要有航天员及其上天飞行的保障设施，这是一个以航天员为中心的医学和工程相结合的复杂系统。它涉及航天生命科学和航天医学等领域，包括航天员的选拔训练、航天员的医学监督保障、航天员的营养食品、航天员飞行训练模拟等分系统。

2.载人飞船系统

　　飞船是载人航天的核心部分。它为航天员和有效载荷提供必要的生活和工作条件，保证航天员进行有效的空间实验和出舱活动，并安全返回地面。

3.运载火箭系统

　　运载火箭是把载人飞船安全可靠送入预定轨道的运载工具。它包括箭体结构、动力装置等10个分系统，特别是增加了载人所需的故障检测分系统和逃逸救生分系统。

工程七大系统

5.测控通信系统

　　当运载火箭发射和载人飞船上天飞行以及返回时，需要靠测控通信系统保持天地之间的经常性联系，完成飞船遥测参数和电视图像的接收处理，对飞船运行和轨道舱留轨工作的测控管理。这个测控通信系统由北京航天指挥控制中心、陆上地面测控站和海上远望号远洋航天测量船队组成，执行飞船轨道测量、遥控、遥测，火箭安全控制，航天员逃逸控制等任务。

4.飞船应用系统

　　载人航天工程最终是为了应用，创造效益，因此飞船应用系统是备受关注的部分。它利用载人飞船的空间实验支持能力，开展对地观测、环境监测、天文观测，进行生命科学、材料科学、流体科学等实验，安装有多项任务的上百种有效载荷和应用设备。

7.着陆场系统

　　载人航天着陆场系统包括主、副着陆场，陆上应急援救、海上应急搜救、通信测量、航天员医保等部分。

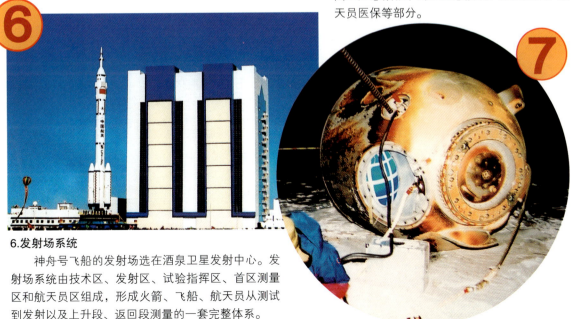

6.发射场系统

　　神舟号飞船的发射场选在酒泉卫星发射中心。发射场系统由技术区、发射区、试验指挥区、首区测量区和航天员区组成，形成火箭、飞船、航天员从测试到发射以及上升段、返回段测量的一套完整体系。

① 航天员系统

　　航天员训练中心有各种先进的训练设施，如电动转椅、电动秋千、冲击塔、离心机、低压舱等。航天员从空军飞行员中选拔，要经过三个阶段的训练：第一阶段是基础训练，学习航天理论、航天医学及飞船设备检测的知识；第二阶段是专业技能训练，熟悉飞船结构和组成系统，掌握各个部件的原理和工作情况；第三阶段是任务训练，按照飞行程序模拟操作技术，掌握从进入飞船到发射升空、在轨运行和返回着陆操作的全过程。在整个训练过程中，贯穿着体能训练和特殊环境耐力训练，提高在各种地形和气象条件下的救生技能和本领。

冲击塔

航天员训练模拟器

离心机

② 载人飞船系统

　　神舟号载人飞船系统包括载人飞船及船内10个分系统。载人飞船由轨道舱、返回舱、推进舱和附加段组成。轨道舱位于前部，密封结构，呈两端带锥角的圆柱形，装有飞船工作所需的设备和有效载荷，是航天员在太空开展工作的场所；返回舱位于中部，密封结构，呈钟形，是航天员上升和返回时乘坐的舱段；推进舱位于后部，是非密封结构，呈后面带锥角的圆柱形，安装飞船的动力装置。另外还有两副太阳能电池板和其他一些设备。

　　在完成飞行任务后，神舟号载人飞船返航，轨道舱分离后与附加段一起留在轨道上运行，继续进行空间实验；推进舱则被抛弃并进入大气层烧毁；只有返回舱载着航天员和实验成果从太空归来。船内10个分系统，由环境控制与生命保障等分系统组成。

飞船在技术厂房

神舟飞船

船罩组合体

③ 运载火箭系统

最新研制的长征2号F是一种两级捆绑式火箭，由芯级和4个捆绑的助推器组成。火箭全长58.3米，起飞质量479吨，运载能力达到8吨，能把神舟号飞船送上200～450千米高的轨道。火箭顶端装有一个逃逸塔，一旦火箭出现重大危险，航天员可利用逃逸塔安全返回地面。

运载火箭发射载人飞船比之于发射人造卫星，不仅要具有更大的运载能力，而且更要提高可靠性和安全性。长征2号F运载火箭采用了55项新技术，设计的可靠性指标由不载人火箭的0.91提高到0.97，航天员的安全性指标为0.997，达到了国际先进水平。

神箭待测

逃逸塔

火箭待发

④ 飞船应用系统

神舟号飞船的四次试验飞行，已经取得了多项应用实验成果，包括搭载农作物、蔬菜等植物种子的培育实验，蛋白样品和细胞样品的培养实验，甚至有乌鸡蛋的太空孵化实验；利用空间微重力环境制取半导体光电子材料、氧化物晶体、金属合金等的实验；利用多模态微波遥感器进行对地观测，利用空间环境探测仪器及时提供太空天气情况。

神舟号试验飞船上各项实验的成功，为载人上天开展空间实验和工艺生产开辟了广阔的前景。

太空乌鸡

微波遥感器

电融合仪

图解载人航天工程七大系统

⑤ 测控通信系统

北京航天指挥控制中心座落在北京西北郊的航天城，它集指挥通信、信息处理、监控显示、控制计算、飞行控制于一体，包括计算机系统、监控显示系统、通信系统和勤务保障系统，同各地的测控站和测量船组成一个反应快捷、运算精确、功能齐全的"天网"。

这张巨大的"天网"保证了神舟号发射上升段测控通信覆盖率达100%，能够有效地对神舟号飞船进行连续跟踪、测量和控制，保证了它的安全发射、在轨运行和成功返回。

北京航天指挥控制中心

05-11:05:09　11:05:09　06-10:15:21

地面接收站

航天发射指挥监控系统

⑥ 发射场系统

垂直转运

酒泉卫星发射场

在酒泉卫星发射中心原来一片荒凉的戈壁滩上，一座座新颖别致的亮丽建筑拔地而起：试验指挥大楼、火箭总装测试厂房、飞船总装测试厂房、逃逸塔测试厂房、测发指挥大楼、发射脐带塔……这座崭新的现代化载人航天发射场应有尽有。特别引人注目的是高达百米的发射塔架，巍峨耸立，直刺苍穹。

这个发射场系统采用了具有国际先进水平的垂直总装、垂直测试、垂直转运技术和远距离测试发射技术，使飞船的发射安全可靠性高，在发射台占位时间更短、发射频率更高、待机发射周期更短，为神舟号飞船启开了升天的大门。

垂直总装

回收直升机待命搜寻

7 着陆场系统

神舟号飞船的着陆场选在内蒙古中部广阔的草原地区，这里已建成完备的飞船着陆前后的测量通信、着陆后的搜索回收、航天员营救和返回舱内有效载荷处置的设施。此外，还在酒泉发射场以东建有副着陆场，在陆上和海上设有多个应急救生区。

神舟号飞船的着陆场系统已全面走向成熟，已经能够担负飞船返回舱返回轨道的跟踪测量、营救航天员以及返回舱及有效载荷的回收任务。

降落伞

神舟四号返回舱

回收车队

神舟七号飞船实现载人舱外活动

神舟七号航天员（从左至右：刘伯明、翟志刚、景海鹏）

"神七"腾飞

突破和掌握航天员出舱活动技术，是我国载人航天工程实现第二步发展战略目标的首要任务，对于进一步推动我国载人航天事业向更高水平发展具有重要的作用。

2008年9月27日北京时间16时41分，我国航天员翟志刚打开神舟七号轨道舱舱门，首次实现空间出舱活动。他在航天员刘伯明的协助下，完成了空间科学实验，并按预定方案进行太空行走后，安全返回神舟七号轨道舱，这标志着我国航天员首次太空行走取得圆满成功。在只进行了两次载人航天飞行之后，我国就实施了航天员的出舱活动，并取得圆满成功，实现了载人航天技术的一个重大跨越。我国成为继美国和俄罗斯之后，世界上第三个独立掌握出舱活动关键技术的国家，为下一步自主建设空间站奠定了基础。

翟志刚是中国
太空行走第一人

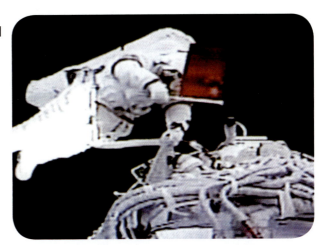

神舟七号航天员安全返回地面

中国载人航天的新目标

我国载人航天工程实施"三步走"的发展战略，第一步是发射载人飞船，建成初步配套的试验性载人飞船工程，开展空间应用实验；第二步是突破载人飞船与空间飞行器的交会对接技术，发射空间实验室，解决有一定规模的、短期有人照料的空间应用问题；第三步是建造空间站，解决有较大规模的、长期有人照料的空间应用问题。

从2003年神舟五号载人飞船发射成功，到2008年神舟七号载人飞船圆满完成太空飞行，中国载人航天走过了五年的光辉历程，实现了从进入太空到太空行走的跨越。

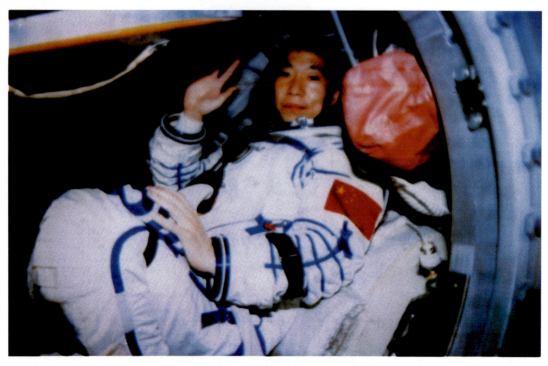

中国第一位航天员杨利伟平安返回

中国的空间实验室（天宫一号模拟图）

中国的空间站（模拟图）

嫦娥工程的发展规划

　　我国的月球探测工程（嫦娥工程）被列为《国家中长期科学和技术发展规划纲要（2006—2020年）》十六个重大专项之一，作为一项国家战略性科技工程。月球探测工程将服从和服务于科教兴国战略和可持续发展战略，以满足科学、技术、经济和社会发展的综合需求为目的，把推进科学技术进步的需求放在首位，力求发挥更大的作用。整个工程规划贯彻"有所为、有所不为"的方针，选择有限目标，突出重点，集中力量，力求在关键领域取得突破，循序渐进，持续发展，为深空探测活动奠定坚实的基础。

　　嫦娥工程规划为三期，简称为"绕、落、回"三步走。

　　第一步为"绕"，即发射我国第一颗月球探测卫星，突破到地外天体的飞行技术，实现首次绕月飞行。

　　第二步为"落"，即发射月球软着陆器，并携带月球巡视勘测器（俗称月球车），在着陆器落区附近进行就位探测。这一阶段将主要突破在地外天体上实施软着陆技术和自动巡视勘测技术。

　　第三步为"回"，即发射月球采样返回器，软着陆在月球表面特定区域，并进行分析采样，然后将月球样品带回地球，在地面上对样品进行详细研究。这一步将主要突破返回器自地外天体自动返回地球的技术。

"绕"：2007年和2010年，发射月球探测卫星，实现绕月探测。

"落"：2013年前后，进行月面软着陆和自动巡视勘察。

"回"：2018年前，实现自动采样返回。

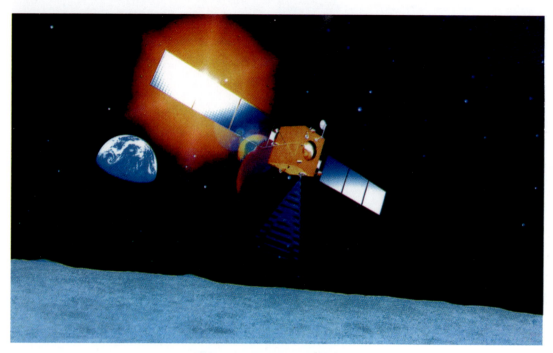

嫦娥一号卫星对月探测模拟图

2010年10月1日16时59分57秒，嫦娥二号卫星用长征三号丙运载火箭在西昌卫星发射中心成功发射

天津红光中学航天科普实践项目(活动)校本教材

航天科技实践与探究

石　勇　主编

科学普及出版社
·北京·

图书在版编目(CIP)数据

航天科技实践与探究／石勇主编.—北京:科学普及出版社,
2011.4

ISBN 978-7-110-07493-0

Ⅰ.①航… Ⅱ.①石… Ⅲ.①航天科技-中学-课外读物
Ⅳ.①G634.933

中国版本图书馆 CIP 数据核字(2010)第 262761 号

本社图书贴有防伪标志,未贴为盗版

科学普及出版社出版

北京市海淀区中关村南大街 16 号　邮政编码:100081

电话:010-62173865　传真:010-62179148

http://www.kjpbooks.com.cn

科学普及出版社发行部发行

北京长宁印刷有限公司印刷

*

开本:787 毫米×1092 毫米　1/16　印张:8　彩插:16　字数:200 千字
2011 年 5 月第 1 版　2011 年 5 月第 1 次印刷
定价:28.00 元
ISBN 978-7-110-07493-0/G·3228

(凡购买本社的图书,如有缺页、倒页、
脱页者,本社发行部负责调换)

编委会

主　编　石　勇

主　审　刘登锐　田如森

编　委　王峻岭　孙玉龙　王　莉　赵　志

前　言

"创新是一个民族的灵魂，是一个国家兴旺发达的不竭动力。"《中共中央关于制定'十一五'规划的建议》中明确指出，要深入实施科教兴国战略和人才强国战略，应努力增强青少年的自主创新能力，要加快科技教育发展，把科技教育放在优先发展的战略位置，全面实施素质教育和"固本强基"工程。因此通过科技创新教育及与学校各学科教学的渗透融合，使学生领会科学本质，乐于科学探索，树立科学精神，学会用科学的思维方式解决各种问题，是当前深化素质教育发展的重要使命。

天津红光中学自1985年响应党中央"教育援藏"的指示精神，成为全国最早的内地西藏校之一以来，始终牢记为祖国、为西藏培养追求真理、讲求真知的优秀的社会主义建设者和接班人这一重大使命。多年以来，把科技教育作为学校亮点工程，确立了"以科技为依托，树立科学思想"的特色教育，在学校中营造爱科学、学科学、讲科学、用科学的浓厚氛围，坚持开展多种形式的科技教育活动。我校在开展车船模等普及项目的基础上，近年来又主抓了航天科技特色：设立了专题校本课程；组织学生参观中国空间技术研究院、中国宇航员训练中心、中国资源卫星应用中心、西昌卫星发射中心、太原卫星发射中心等高端机构；邀请中国著名航天科普专家进校园讲座；组织学生进行航天科普知识竞赛、开展各种航天科普体验活动等。自2004年始，学校在大力开展自身科技活动的基础上，连年在市、区范围内组织开展青少年科技模型等竞赛，受到市、区人大、政府、政协有关领导及天津市青少年科技中心领导的高度重视，至今已承办了两届河北区青少年车辆模型比赛，发起、组织了三届"红光环保杯"青少年科技模型比赛，有近30所学校的小选手参加。目前，"红光环保杯"已经成为天津市青少年科技活动的一个品牌，为拓展区域科技教育作出了突出贡献。科技教育的持久有效开展，培养了学生，尤其是藏族学生的科学精神和创新能力，全面贯彻了党的教育方针和《国家中长期教育改革和发展规划纲要》，全面推进了素质教育。

本书的出版既是我校所承接的"天津市科技示范校项目方案——天津红光中学青少年科普活动站"的成果展示，又是我校多年来科技教育工作的心血结晶，同时也为我校今后的科技创新教育开启了一个崭新的局面。纵观历史，人类的进步离不开科学的发展，人类的文明离不开科学的引领，人类的传承离不开科学的支撑。教育事业任重而道远，科技教育将是我们教育工作者永远追求的永恒话题，它需要我们不断的探索与努力、开拓与创新。

当前，在教育改革大环境中科技创新教育，越来越彰显出其特有的神奇光环，蕴含着不尽的能量；科技创新教育是植根于素质教育沃土中常开不败的艳丽花朵，美化了教育的春天。让我们带着憧憬与希冀继续行走在科技教育这条充满探索与创新的道路上，希望在这条道路上我们一路同行！

由于时间与精力的限制，本书在编排过程中如出现疏漏，还望读者见谅！最后，衷心感谢所有为本书的编排辛勤劳动的人们！

天津红光中学校长 石勇

2011 年 3 月

目　录

本书由下列人员提供图片等资料：
　南　勇、孙宏金、林巧英、秦宪安、田　峰、吴国兴、史宗田、杨利伟　邸乃庸、张贵玲、田　奕

航天史上的辉煌

仰望星空，让人充盈遐想，令人无限向往。自古以来，人类就梦想飞出地球到太空去漫游和生活。现代才出现的"航天"，早在古代就开始孕育了。人类在追逐"航天"的历史长河中，创造了辉煌的业绩。

一、古代中外航天梦想

千百年来，在中国和世界上都流传着一些"航天"的神话传说或故事。

在中国古代，相传射日英雄后羿的美丽妻子嫦娥，因误食仙丹而从地面飞起，越过茫茫太空，飞到被称为广寒宫的月球上生活。

在古希腊，相传建筑师代达罗斯和儿子伊卡洛斯用鸟的羽毛织成两副翅膀，乘风飞向太空，伊卡洛斯在飞近太阳时，因羽毛烧毁坠海而亡。

中国唐代发明了火药，宋代冯继升、岳义方制造成功火药火箭。明代工匠万户试图借助火箭飞行，他在一把木椅四周绑上 47 支火箭，自己手持两只风筝坐上木椅，令人点燃火箭，从一座山坡上起飞，冲入半空飞翔，但却栽到山脚下壮烈牺牲。这是人类历史上乘箭飞天的首次壮举，万户被誉为世界上试图利用火箭作为飞天工具的第一人（图 1-1）。

图 1-1　万户飞天示意图

19 世纪法国著名作家儒勒·凡尔纳在《从地球到月球》和《绕月旅行》的科幻小说中，描述了美国人制造一尊大炮，发射一艘宇宙飞船到太空，并且载人登上月球，寄托了人类"航天"的愿望。

1687 年，英国科学家艾萨克·牛顿从科学的角度阐述了物体摆脱地球引力束缚到太空飞行的原理。他指出：如果一个抛物体，不受地球引力的作用，就会沿着一个方向到太空深处飘游，永远不会回到地球。牛顿设想做一个实验，在一座高山上架起一座大炮，对着前方以一定速度将炮弹平射出去，由于地球引力的作用，它会沿着一条抛物线飞行，达到一定距离后落到地上；如果把炮弹的速度加大，则其射程也会随之增加。这样不断加大速度，射程就会继续延伸，而只要炮弹的速度增加到足够大的数值，它就会克服地球的引力而绕地球作圆周运动，甚至脱离地球轨道而进入太空遨游。

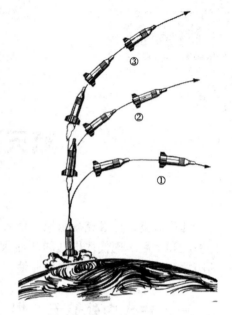

图1-2　三个宇宙速度
①第一宇宙速度，7.9千米/秒
②第二宇宙速度，11.2千米/秒
③第三宇宙速度，16.7千米/秒

根据牛顿的万有引力定律，经过计算，如果一个物体达到每秒7.9千米的速度，就能使地球对它的吸引力与它的离心力保持平衡，这个物体就能环绕地球运行，这个速度叫做环绕速度，即第一宇宙速度；如果物体的速度达到每秒11.2千米，就能脱离地球引力范围而围绕太阳运行，这个速度称逃逸速度，即第二宇宙速度；如果物体的速度达到每秒16.7千米，就会飞出太阳系到广袤的宇宙空间遨游，这个速度称为第三宇宙速度（图1-2）。

世界著名航天科学家钱学森，把人类离开地面的飞行分作三个层次：第一个层次是在大气层空间的飞行，称航空；第二个层次是在地球之外的太阳系空间的飞行，称航天；第三个层次是到太阳系外的宇宙空间飞行，称航宇。后两个层次统称宇宙航行，简称宇航。

人类为了寻求实现摆脱地球的手段，达到宇宙速度而到太空飞行的梦想，经历了艰难而漫长的历程。

思考题：

1. 什么叫航空、航天和航宇？
2. 如何克服地球引力？

二、世界航天著名人物

人类进入20世纪以来，为了把"航天"的梦想变成现实，不断涌现出一些著名的航天科学家和众多飞上太空的航天员，他们为人类征服太空作出了卓越贡献。

图1-3　齐奥尔科夫斯基

齐奥尔科夫斯基　俄国航天先驱、著名宇航科学家、宇航理论的奠基人（图1-3）。1857年9月17日出生，1879年取得中学教师资格。他在任教的同时，倾心研究宇航问题。1883年，他指出利用喷气装置作为太空旅行的动力的可能性，绘制一幅征服太空的火箭发动机原理图。1891年，他研究了星际航行问题，明确指出只有火箭才能达到这一目的。1893年，他发表科幻小说《在月球上》，两年后又出版《关于地球和天空的幻想及万有引力效应》一书，提出了发射人造地球卫星的设想。他用物理实验室的蒸汽机做喷气实验，用废旧铁筒做"风洞"实验，获得有关火箭和航天飞行的数据，为创立宇航理论打下基础。

1898 年，齐奥尔科夫斯基完成《利用喷气装置研究宇宙空间》的经典论文，但几经周折 5 年后的 1903 年才在莫斯科的《科学评论》杂志上发表。在这篇著作中，他论证了火箭作为星际航行工具的可能性，推导出了火箭运动的基本方程，这就是著名的齐奥尔科夫斯基公式。它引出了火箭质量比，即火箭起飞之前的质量与火箭携带燃料耗尽后的质量之比的概念，首次提出了火箭推进剂比冲的概念，证明质量越大，比冲越高，火箭性能就越好。他还推算出火箭要克服地球引力所需的最小速度，明确提出液体火箭是实现星际航行的理想工具。这标志着火箭飞行理论的真正建立，是航天发展史上的一个里程碑。

1911 年，齐奥尔科夫斯基又完成了《火箭与太空探索》的研究论著，揭示了利用火箭探索太空的基本原理，描绘了宇宙飞船发射和飞行的图景。他写道："开始必须有理想、幻想甚至神话，接着便进行科学计算。这样，最后就可以实现自己的理想，有关宇宙航行的著作便属于创造性阶段。"齐奥尔科夫斯基在十分艰难的日子里，大约写了130 篇论文，奠定了他"宇航之父"的地位。

俄国十月革命后，齐奥尔科夫斯基逐步有了较好的生活和工作条件，他关于征服宇宙空间的思想也迅速传播开来。他在 60 岁以后的 18 年时间里，又写了《飞往宇宙空间的火箭》《宇宙飞船》等手稿，继续阐述他关于星际航行的认识和思想。1929 年完成的《宇宙火箭列车》一文，对多级火箭作了详细论证，证明化学推进剂的火箭发动机能够达到宇宙速度。他晚年完成的《宇宙火箭工作》一文，系统地总结了他在火箭和航天学领域的工作，论及了火箭、人造卫星、宇宙飞船、太空基地、星际航行的几乎所有问题。他在这篇自述文章中说："在我工作和研究过程中，我发表了利用类似于火箭的反作用装置实现太空飞行的理论。基于已被检验的数据推导表明，人类进入太空甚至在地球大气层之外移民都是可能的。也许当我的思想获得应用，人类不仅在地球表面上活动，而是飞到宇宙空间时，上百年已经过去了。"齐奥尔夫科斯基的这一预言正在变为现实的图景。

1935 年 9 月 19 日，齐奥尔科夫斯基病逝，享年 78 岁。他在 1933 年"五一"劳动节向公众发表的广播讲演中说："40 年来，我一直从事有关火箭原理的研究。我始终都坚定地认为，在可预见的将来，人类将可能飞向火星。尽管时代在变，但星际航行的理想总要继续下去。今天我确信，你们之中将有人到星际中航行。"今天，人类正在沿着齐奥尔科夫斯基指出的星际航行之路前进。

戈达德 美国航天先驱和火箭技术的开拓者。1882 年 10 月 5 日出生。他从小就对火箭和飞行充满兴趣和热情，曾说："生命对我来说，有一个目的，就是进入太空飞行。"1908 年，他在克拉克大学攻读硕士研究生时，开始从事利用火箭推力实现宇宙航行的研究工作。1909 年，他揭示了用液体燃料作为火箭推进的发展前景。1919 年，戈达德发表一篇奠基性的论文《到达

图 1-4 戈达德和他研制的
世界上第一枚液体火箭

极大高度的方法》，论述了火箭运动的数学原理和计算方法，提出了火箭用发光镁粉作为到达月球的信号的登月方案。1920 年他又写出《关于进一步发展太空探测火箭的报告》，进一步提出利用液氢作火箭燃料的新设想。1922 年他完成液体燃料研究和实验之后，建立起一个火箭试验场（图 1-4）。

1926 年 3 月 16 日，戈达德在简陋的试验场，用世界上第一枚使用液氧和煤油的液体火箭进行飞行试验获得成功。这枚火箭高 3.04 米，由一台 0.6 米长的液体发动机和两个燃料贮箱组成，从简陋的发射架上点火发射，飞行 2.5 秒，上升高度 12 米，飞行距离 56 米。这次试验揭开了火箭技术发展新的一页。

戈达德一面在克拉克大学教书，一面继续火箭的研制试验工作。从 1935 年到 1941 年，研制出 4 种系列的液体火箭。他一生获得液体火箭技术各个领域的专利达 218 项，开创了研制液体火箭的先河，为美国日后的火箭技术发展奠定了基础。

1945 年 8 月 10 日，戈达德病逝。1959 年，著名火箭专家布劳恩在戈达德的纪念会上致词说："戈达德是少年英雄仰慕的对象，我在幼年时代就崇拜他对科学的贡献，他的先驱火箭研究工作极为重要。他和其他科学家一样，历尽艰辛困难，甘冒危险从事火箭研究和试验，以非凡的能力不屈不挠地验证他的理论，使火箭变为现实。"戈达德被誉为美国"火箭之父"，他对火箭发展作出了杰出贡献。

奥伯特 德国火箭技术的开创者。1894 年 6 月 25 日出生。他在中学时期，就用所学的物理和数学知识，推算出把飞船推出地球引力之外所要达到的速度，并设想巨型火箭一定会用于未来的宇宙飞船（图 1-5）。

图 1-5　奥伯特（右三）和同事们在研究有关火箭的技术问题

1913 年，奥伯特进慕尼黑大学学医，但却热衷于思考太空飞行的理论问题，甚至构思设计了一种战争用的远程火箭。1919 年，他弃医学工，在课余从事航天学研究，设计出一种远程液体火箭。1923 年初，他发表了《飞往星际空间的火箭》论文，提出了空间火箭运动的理论公式，用数学方程阐明了火箭如何获得脱离地球引力的速度，描述了宇宙飞船飞往月球、火星的问题。1929 年，他出版了《通向宇宙空间飞行之路》一书，书中不仅详细介绍了载人飞船及其发射飞行轨道等问题，而且还预见了电推进火箭和离子火箭的发展。

1927 年，在奥伯特的影响下，他团结一批业余火箭研究者成立德国宇宙旅行协会，领头开始新的火箭设计工作。1930 年 7 月 23 日，他领导设计的一枚小火箭地面试验获得成功。后来，奥伯特的得意弟子布劳恩回忆说："奥伯特在火箭的应用中始终十分积极，他宣传、撰写火箭和空间飞行论文，并且鼓励其他人致力于这项工作。"

1941 年，在德国当局的逼迫下，奥伯特被派到佩内明德火箭基地参加 V-2 火箭的研制工作。他负责提出一种可携带 1 吨弹头的洲际弹道火箭的设计方案。1943 年又接受一项研制固体燃料防空导弹的任务，但到德国战败投降也没有研制成功。1945 年 5 月，奥伯特被盟军收容，8 月释放回到家乡。1955 年夏，他应布劳恩之邀，前往美国任陆军红石兵工厂顾问，协助布劳恩做火箭研究工作。1958 年目睹美国第一颗人造卫星是由布劳恩领导设计的运载火箭送上太空，实现了他早年的夙愿。

1989 年 12 月 28 日奥伯特辞世，享年 95 岁。这位被称为德国"火箭之父"的科学家，一生见证了从第一枚火箭到载人太空飞行的完整发展历程。

冯·布劳恩　世界著名的美籍德国火箭、航天科学家（图 1-6）。1912 年 3 月 23 日于德国。他在上大学时读了奥伯特写的《飞往星际空间的火箭》一书，就唤起了他对宇宙航行的向往。他后来说："这本书令我异想天开地去作星际旅行，这是需要我付出毕生精力去从事的事业。我不只是用望远镜去凝望月球和行星，还要遨游太空，解开太空之谜。"

1928 年，仅 16 岁的布劳恩根据所学的知识和自己的想象，绘制了一艘带有许多技术细节的宇宙飞船草图，并描述了人乘坐飞船进行天外旅行的设想和要解决的技术问题。1929 年，他进入柏林理工学院，参加德国宇宙旅行协会的活动，并在奥伯特的指导下从事早期的液体火箭发动机的研究试验工作。1931 年 9 月，布劳恩参与研制的微型一号火箭进行了首次发射表演。1934 年，他完成《推力为 140 千克和 300 千克火箭发动机的理论和实验研究》论文，标志布劳恩投身宇航事业迈出重要一步。

布劳恩参加的火箭发动机小组于 1934 年 12 月成功试射了两枚 A-2 单级液体火箭，飞行高度达到 2.4 千米。1937 年在佩内明德建立火箭研究试验基地，布劳恩负责领导用于作战的 V-2 导弹的研制工作。经过 5 年多的研制试验，V-2 导弹于 1942 年 10 月 3 日首次试射成功。布劳恩后来曾说："火箭就像古罗马的守门神那样具有两副截然不同的面孔，即火箭既可以用于和平的空间探索，也可用于毁灭人类的战争。"德国法西斯在二次世界大战中投放了几千枚 V-2 导弹，但也难逃覆灭的命运。

战后，美国从德国手中俘获了一大批火箭专家，布劳恩带领一个 100 多人的研究小组来到美国的白沙导弹靶场，继续从事火箭研究事业。1950 年先后研制成功"红石"近程导弹和"丘辟特"中程导弹，为美国发展空间技术打下了坚

图 1-6　布劳恩在研究
V-1 飞航式导弹

实基础。

1954 年，布劳恩领导制订了美国的人造地球卫星发射计划。1958 年 1 月 31 日，他主持设计的"丘辟特 C"运载火箭把探险者一号卫星送入轨道，揭开了美国走向太空的序幕。1961 年，布劳恩接受了美国 10 年实现载人登月的任务。他领导制订了"阿波罗"登月计划，开展研制"土星"系列大型运载火箭。经过不到 10 年的努力，1969 年 7 月 16 日布劳恩主持研制的土星五号运载火箭，把载有 3 人的 50 吨重的阿波罗十一号飞船送上了月球，此后到 1972 年 12 月借助土星五号运载火箭的推力，阿波罗飞船一共完成了 6 次载人登月飞行。当第一个登月航天员阿姆斯特朗驾驶登月舱即将在月球表面降落的时候，美国航空航天局地面控制中心的负责人与他通话时说："阿姆斯特朗指令长，当你就要踏上月球的时刻，你曾想过吗，这是冯·布劳恩博士的足迹！"布劳恩还写了一本《火星计划》科普读物，书中科学地论证了宇宙飞船如何登上火星和怎样返回地球的途径，描述了火箭驱动的宇宙飞船飞往火星以及人在火星上进行科学考察的情景。

布劳恩于 1977 年 6 月 16 日被病魔夺去了生命，终年 65 岁。生前，当人们赞誉他在航天技术领域取得的巨大成就时，布劳恩曾回答说："我认为，像一个从萌芽、开花、结果的自然生命那样，经过理想、奋斗、成功来实现前人和他人未完成的事业，乃是人生的最大乐趣。"

科罗廖夫　苏联航天总设计师、航天杰出贡献科学家。1907 年 1 月 12 日出生。他在青年时代就有一句座右铭："既要造出飞行器，又要驾驶它上天飞行！"

1926 年，科罗廖夫在莫斯科包曼高等技术学院，成为飞机设计大师图波列夫的学生，毕业设计轻型飞机的课题获得优异成绩。图波列夫后来回忆说："科罗廖夫是当时毕业生中的出类拔萃者。他才华出众，只要稍加指点和培养，就能有所成就。那时无论是他的个人品质，还是设计才能，都给我留下了极好的印象。"

科罗廖夫在大学毕业后加入莫斯科中央空气动力研究所图波列夫设计局工作。1929 年，他到卡卢加聆听了齐奥尔科夫斯基关于宇宙航行的一席话后，顿时异常冲动地说："从现在起，我的目标是冲向遥远的星球！"1930 年，他参加组建喷气推进研究小组，开展火箭装置的研究工作。1936 年设计了有人驾驶的火箭飞机。1937 年因受苏联肃反扩大化影响被流放西伯利亚做苦役，暂时离开了他心爱的火箭事业。

在苏联卫国战争时期，科罗廖夫在监狱工厂组织飞机的设计和生产。1942 年，他负责研制战斗机的火箭加速器和重型轰炸机的起飞加速器，自己充当试飞员进行驾机飞行。他不顾加速器飞行试验发生爆炸而受伤的危险，对去医院看望的朋友们说："好在我亲自参加试飞，否则就无法了解火箭起飞时的真实情况，重要的是要找到发动机爆炸的原因。"科罗廖夫就是这样专心致志地从事当时前线急需飞机的研制工作。

战后，科罗廖夫领导接收德国的 V-2 火箭的设备和资料，与过去的研究成果结合起来，推动火箭技术的发展。1946 年 8 月，科罗廖夫被任命为苏联第一枚弹道火箭的总设计师，1947 年 10 月这枚弹道火箭首次发射试验成功。这标志着苏联的火箭技术进入一个新的发展阶段。

1953 年 5 月，科罗廖夫开始领导研制 P-7 洲际弹道火箭，并于 1955 年在哈萨克斯坦的拜科努尔建设航天发射场，提出用串联和并联方式组成多级火箭来实现洲际射程和发射人造地球卫星的设计思想和方案，支持吉洪拉沃夫关于第一颗人造卫星的设想计划。1957 年 8 月 21 日，苏联 P-7 第一枚洲际导弹发射试验获得成功。几个星期后的 10 月 4 日，他组织利用 P-7 洲际导弹改装的卫星号两级运载火箭，把世界上第一颗人造卫星斯普特尼克号送上太空运行，开创了人类航天活动的新纪元。德国火箭先驱奥伯特目睹这一震惊事件后撰文写道："人类感谢取得这一成就的人，他肯定是一位杰出的科学家和工程师，他实现了我们多年来为之奋斗的梦想。"

科罗廖夫领导继续实施新的空间研究计划。1959 年 1 月 2 日发射成功第一个月球探测器。1961 年 4 月 12 日又发射成功第一艘载人的东方号飞船，实现了人上太空活动的梦想。此后，他又集中攻克载人飞船和空间站的交会对接技术难题，组织实施登月计划。在科罗廖夫周围，有一个包括格鲁什科、切洛勉、杨格尔、巴尔明、比留金、梁赞斯基、伊萨耶夫等众多航天科学家组成的团队，共同把苏联/俄罗斯的航天技术发展到了一个高峰（图 1-7）。

图 1-7 科罗廖夫在工作

不幸的是，1966 年 1 月 14 日科罗廖夫因病在手术中停止了心脏跳动，未能看到联盟号载人飞船和礼炮号空间站开始那样蔚为壮观的联袂飞行。但他一生在航天技术中的创新设计思想和创造性实践，开辟了人类航天广阔的道路。

钱学森 中国航天科技事业的开创者和奠基者，国家杰出贡献科学家（图 1-8）。1911 年 12 月 11 日出生。他儿时听了父亲讲述大鹏击水奋飞万里、小雀安于篷蒿生活的寓言，就表示要有志气和抱负，学大鹏高飞远翔。1935 年在上海交通大学毕业后，考取清华大学公费留学生，远涉重洋赴美学习航空工程，踏上科学救国的道路。

钱学森在美求学期间，师从航空大师冯·卡门，并同导师合作创立了著名的"冯·卡门—钱公式"，在空气动力学领域有卓越建树。他参加了同学马林纳发起的火箭研究小组，1943 年合作完成《远程火箭的评论与初步分析》研究报告，提出了几种火箭研究的设想，同时参加了美军"下士"导弹的设计工作，在军方的喷气技术训练班讲授火箭推进技术课程，为美国早期发展地地导弹和探空火箭奠定了理论和技术基础。1947 年，钱学森成为麻省理工学院年轻的终身教授，他曾作题为《飞向太空》的演说，描述了利用火箭技术探索太空的远景。美国一位专栏作家称钱学森是"帮助美国成为世界上第一流军事强国的科学家银河中一颗明亮的星"，是"制定使美国空军从螺旋桨式向喷气式飞机过渡，并最后向遨游太空无人航天器过渡的长远规划的关键人物"。

图 1-8 钱学森，著名科学家，中国航天事业的奠基人

1955 年，钱学森经过 5 年的艰苦斗

7

争，在中国政府的营救和援助下，终于摆脱美国的羁绊，冲破藩篱，回到魂牵梦萦的祖国，开始投身到创建中国的航天事业中。他提出了火箭技术发展的计划和制定人造卫星研制方案，并组织实施，攻克技术难关，突破两级火箭技术，到 1970 年，先后领导研制成功中国第一枚战略导弹、第一枚导弹核武器和第一颗人造地球卫星。1980 年后，钱学森还又和任新民、屠守锷、黄纬禄、梁守槃等一批同辈航天专家一起，带领科技人员自力更生、艰苦奋斗，又完成了向太平洋发射远程火箭的全程飞行试验、潜艇水下发射运载火箭试验、发射地球同步轨道通信卫星等大型航天工程。同时他举荐的一批中青年航天专家王永志、孙家栋等，经过锻炼成长，担当起"神舟"载人航天工程、"嫦娥"月球探测工程总设计师的任务，实现了他生前提出的飞天、奔月探秘的理想。

2009 年 10 月 31 日，钱学森因病辞世，享年 98 岁。他生前多次说过："我本人只是沧海之一粟，渺小得很。""我作为一名中国的科技工作者，活着的目的就是为人民服务。如果人民最后对我的一生所做的各种工作表示满意的话，那才是最高的奖赏。"

加加林 世界上第一位飞上太空的苏联航天员（图 1-9）。1934 年 3 月 9 日出生。他在小学时对航模有浓厚兴趣，喜欢参加制作飞机模型和航空俱乐部的活动。1957 年他从航校毕业，成为一名飞行员。1959 年，加加林报名参加航天员的选拔，在申请书中写道："为了发展宇航研究事业，可能需要人做飞向太空的科学试验。恳请考虑我的迫切愿望，如果可能，派我去参加这项新的工作。"

1960 年 1 月，加加林从 3000 多名空军飞行员中脱颖而出，被选送到星城航天员培训中心，参加只有 20 人的训练。一年后，他从"6 人突击小组"中被选为第一个航天使者。1961 年 4 月 12 日，加加林乘坐东方一号飞船发射升空，在离地面 330 千米的高空飞行 108 分钟，环绕地球一周后返回地面，完成世界上首次太空飞行。加加林后来回忆说："我受命进行的历史上第一次宇宙空间飞行，表明人类宇宙航行已经成为现实。宇宙航行不是某一个人或某一群人的事，这是人类在其发展中合乎规律的历史进程。"

加加林的壮举，获得了空前的荣誉。但他继续坚持训练，准备第二次航天飞行。但不幸的是，1968 年 3 月 27 日，加加林与教练员谢廖金一起驾机进行训练中，飞机在空中坠落失事，献出了宝贵的生命。加加林打开太空飞行之路，成为人类太空探险的一面旗帜。

图 1-9 加加林（左）和科罗廖夫

格伦 美国第一个完成太空轨道飞行和年龄最大重返太空的航天员。1921 年 7 月 18 日出生。1943 年在海军航校毕业后，成为战斗机驾驶员。1957 年，他创造了驾机横贯美国大陆的超声速飞行纪录（图 1-10）。

1959 年 3 月，格伦 38 岁，从 510 名应征者中，和其他 6 名飞行员一起被选为水星号飞船的预备航天员。1962 年 2 月 20 日，他乘水星六号飞船升空，环绕地球飞行了 3

图1-10　格　伦

圈，历时4小时55分后降落在大西洋上，安全返回地球。格伦从太空载誉归来发表讲话："水星六号的飞行成功，只是一个开始。这只是一块基石，我们将在这块基石上建造更加雄伟的宇航事业。"

36年后，1998年10月29日，格伦乘发现号航天飞机再次升空，在太空飞行7天，11月7日返回地球。这位美国第一位航天员以77岁的高龄重返太空，成为世界上第一个遨游太空的古稀老人，创造了航天史上的两个第一纪录。格伦说："两次飞行的任务不同，感觉也不一样。1962年第一次飞行主要是研究人是否能适应太空环境，那时被绑在飞船里一动也不能动。这次就不一样了，可以在舱中自由活动，这是一个划时代的变化。"

捷列什科娃　世界上第一位女航天员（图1-11）。1937年3月6日出生。1955年她在纺织厂工作期间，就热心参加航空俱乐部的跳伞活动，"相信总有一天会让女孩子上天飞行"。

1961年，捷列什科娃申请加入航天员预备队伍。1963年6月16日，她驾驶东方六号飞船升空，开始一次轰动一时的航天飞行。捷列什科娃后来描述这次飞行说："当我在太空中看到无比壮观的地球时，真抑制不住内心的激动，我对它产生了深深的眷恋，于是我提出延长在太空逗留的时间，我的请求得到批准。最后，我绕地球48圈，飞行了70小时50分钟，航程197万千米。太空飞行短短的3天，是我一生中最幸福的日子。"

图1-11　捷列什科娃

捷列什科娃在太空完成了一系列医学、生物学的科学技术考察任务，证明妇女也完全能在太空正常工作。

列昂诺夫　世界上第一个实现太空行走的航天员。1934年5月30日出生。1960年，他和加加林等人一起被选入第一批航天员队伍。

1965年3月18日，苏联发射上升二号飞船，列昂诺夫和指令长别里亚耶夫一起升空飞行。列昂诺夫穿上舱外航天服，系上一根5.75米的"脐带"，走出座舱，到茫茫太空飞行。他在舱外活动24分钟，其中自由飘浮12分钟，多次离开飞船的距离达5米，人类第一次实现太空行走。1997年7月，列昂诺夫到中国北京参加北京国际科幻大会发表演讲，称他"那一次经历像在群星中游泳一样，险象环生，惊心动魄，永生难忘"。

10年后，1975年7月15日，列昂诺夫和库巴索夫一起乘联盟十九号飞船升空，与乘阿波罗十八号飞船升空的美国3名航天员进行了"太空握手"的对接联合飞行。这也是一次具有里程碑意义的航天飞行。

科马罗夫　世界上第一个在太空飞行中遇难的航天员。1927年3月16日出生。1960年入选苏联第一批航天员队伍。

图 1–12　科马罗夫（右）和加加林

1964 年 10 月 12 日，科马罗夫担任上升一号飞船，与航天员费奥克季斯托夫、叶戈罗夫一起升空，顺利完成一次一昼夜的太空飞行。1967 年 4 月 23 日，科马罗夫单独驾驶联盟一号新型飞船升空，准备第二天与载 3 人上天的联盟二号飞船首次实现对接飞行。但由于联盟一号飞船出现故障无法排除，决定取消两艘飞船对接计划，提前返航。科马罗夫在太空环绕地球飞行 19 圈后，在返回着陆时发生爆炸而牺牲。最后的调查报告说："科马罗夫遇难身亡，飞船已烧毁，主伞没有打开，备用伞也失灵。飞船以 150 千米每小时的速度撞到地面，引起着陆制动发动机爆炸，使飞船起火。"科马罗夫的名字永载航天史册（图 1–12）。

阿姆斯特朗　世界上第一位登上月球的航天员。1930 年 8 月 5 日出生。1949 年开始当飞行员，创造过驾驶 X–15 火箭飞机飞行高度和速度的世界纪录。

1962 年 9 月，阿姆斯特朗被选为美国第二批 9 名航天员之一。1966 年 3 月 16 日，他担任双子星座八号飞船指令长，和航天员斯科特一起进入地球轨道，历时 10 小时 42 分钟，环绕地球 6.5 圈，首次完成太空飞行。1969 年 7 月 16 日阿姆斯特朗和航天员奥尔德林、科林斯一起，乘阿波罗十一号飞船升空，进行首次登月飞行。21 日晨，阿姆斯特朗和奥尔德林驾驶登月舱，在月面的静海一角着陆，登月成功。阿姆斯特朗第一个在月面上留下了地球人的足迹，当他踏上月面时说："对一个人来说，这是一小步，可对人类来说，这却是巨大的飞跃。"7 月 25 日，阿姆斯特朗等 3 人完成人类第一次登月之旅，载誉返回地球。这是人类航天史上的一座丰碑。

约翰·杨　第一个驾驶航天飞机上天飞行的航天员。1930 年 9 月 24 日出生。1952 年大学毕业后进入海军服役。1955 年 1 月任试飞员。1962 年创造战斗机飞行高度等 3 项世界纪录，同年入选国家航空航天局的航天员（图 1–13）。

约翰·杨共参加 6 次航天飞行。第一次是 1965 年 3 月 23 日乘双子星座三号飞船升空，在太空飞行 4 小时 43 分钟，完成美国双人飞船的首次飞行。第六次是 1983 年 11 月 28 日乘哥伦比亚号航天飞机升空，在太空作了 10 天 8 小时的飞行。其中第五次是 1981 年 4 月 12 日，他作为指令长和克里平两人乘坐哥伦比亚号航天飞机，参加美国航天飞机的首航。在美国佛罗里达州的卡

图 1–13　约翰·扬

10

纳维拉尔角肯尼迪航天中心，聚集上百万人观看了第一架航天飞机发射的情景。4月14日又有约20万人在加利福尼亚州爱德华兹空军基地目睹了哥伦比亚号航天飞机从太空载誉归来。约翰·杨在完成了这次具有划时代意义的太空飞行后说："这次飞行自始至终都很顺利。至此，我们终于找到了把幻想变为现实的可能性，踏上了飞向太空的征途，我和克里平为此感到无比自豪。"

萨维茨卡娅　第一个进行太空行走的女航天员。1948年8月4日出生。她在中学时期热心参加航空俱乐部的跳伞运动，曾3次获得跳伞世界冠军。1966年进入莫斯科航空学院学习飞机制造专业，进校第二年开始课余驾驶飞机练习飞行。大学毕业后不久考入试飞员学校。1970年获得高级特技飞行世界绝对冠军，创造了两项飞行世界纪录。1976年成为雅克福列夫飞机设计局的试飞员，掌握20多种机型的驾驶技术，共飞行1500多小时。1980年从设计局选入航天员队伍（图1-14）。

图1-14　萨维茨卡娅（右二）

11

萨维茨卡娅两次参加航天飞行。第一次是1982年8月19日，她乘联盟T-7号飞船升空，与礼炮七号空间站对接，完成一次7天的太空飞行。第二次是1984年7月17日，她乘联盟T-12号飞船升空，与礼炮七号空间站对接后，进行了一次太空行走。7月25日，她和航天员扎尼别科夫一道走出空间站，到敞开的太空漫步3小时35分钟，飘到空间站外壁的一个折叠平台上，使用万能手动工具完成了舱外切割、焊接、喷涂作业。扎尼别科夫用摄像机拍摄了萨维茨卡娅舱外工作的情景。后来，当记者问萨维茨卡娅对这次太空行走的感想时，她回答说："从现在起100年，没有人会记住这件事，如果有人记住了，那么对于曾经有人问过妇女是否应该进入太空这样的问题，他们将感到是不可思议的事情。"

王赣骏　第一位华裔科学家航天员。1940年6月16日出生于中国江西省赣县。1963年进入美国加州大学洛杉矶分校，1971年获物理学博士学位。1974年提出在航天飞机上进行科学实验的项目，

图1-15　王赣骏在航天飞机上工作

在数百名科学家的竞争中入选航天员（图1-15）。

1985年4月29日，王赣骏搭乘挑战者号航天飞机进入太空，完成在微重力下液体状态测定的实验，取得具有重要价值的成果。他把一面中国五星红旗带上太空飞行7天，表现了一片赤子之情。王赣骏从太空返回地面后自豪地说："我以我的中国血统为荣，我为中国人争了一口气！"

张福林　第一位七上太空飞行的华裔航天员。1950年4月5日出生，祖籍中国广东省。1968年，他高中毕业后只身从哥斯达黎加去美国寻求自己的梦想。1977年在麻省理工学院获物理学博士学位，1980年被录取为航天员（图1-16）。

从1986年1月到2002年6月，张福林先后搭乘哥伦比亚号、亚特兰蒂斯号、发现号、奋进号四驾航天飞机上天，7次参加太空飞行。他和美国航天员罗斯都是7上太空，创造了航天飞行次数最多的纪录。

波利亚科夫　第一位太空飞行最长时间的航天员（图1-17）。1942年4月27日出生。1972年以医学研究员的名义被选入航天员队伍。他两次参加太空飞行。

第一次在1988年8月29日，波利亚科夫作为医生搭乘联盟TM-6号飞船升空，进入在轨道上与之对接的和平号空间站，开展空间科学实验活动。1989年4月27日返回地面，在太空逗留239天。

第二次在1994年1月8日，他已52岁，搭乘联盟TM-18号飞船升空，并进入在轨道运行的和平号空间站上工作和生活，直到1995年3月22日返回地面，在太空居留438天，创造了载入航天史上的一个奇迹。

图1-16　美籍华裔航天员张福林

图1-17　俄罗斯航天员波利亚科夫

露西德　第一位太空飞行最长时间的女航天员。1943年1月14日在中国上海出生。1963年俄克拉荷马大学毕业，1973年获化学博士学位。1978年被选入航天员队伍。

12

露西德从 1985 年 10 月到 1996 年 3 月共参加 5 次航天飞行。1996 年 3 月 22 日，她乘美国亚特兰蒂斯号航天飞机升空，进入俄罗斯和平号空间站参加一次长期太空飞行。到 1996 年 9 月 7 日，露西德就打破了俄罗斯女航天员康达科娃太空滞留 169 天的纪录。1996 年 9 月 26 日露西德由亚特兰蒂斯号航天飞机接回地面，她实际在太空飞行 188 天，创造了妇女在太空飞行最长时间的纪录（图 1 - 18）。

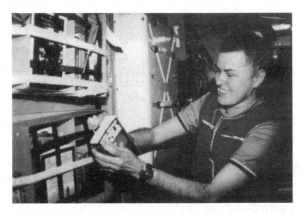

图 1 - 18　美国女航天员香农·露西德在和平号空间站上看书

索洛维耶夫　第一位太空行走次数最多的航天员。1948 年 1 月 16 日出生。1970 年拉脱维亚大学毕业，1978 年被选为航天员。

1988 年 6 月至 1998 年 2 月，共 5 次参加航天飞行。她在太空累计飞行 584 天，共完成 17 次太空行走，在舱外活动累计时间 77 小时（图 1 - 19）。

克里卡廖夫　第一位太空飞行累计时间最长的航天员。1958 年 8 月 27 日出生。1981 年毕业于列宁格勒机械学院。1985 年加入航天员队伍。

从 1988 年 11 月到 2005 年 4 月，克里卡廖夫参加 6 次航天飞行。他是第一批飞到国际空间站的长住居民，6 次太空飞行累计时间达到

图 1 - 19　索洛维耶夫（前）

813 天，打破了阿乌杰耶夫 3 次太空飞行 747 天的纪录。

杨利伟　中国第一位航天员。1965 年 6 月 21 日出生。1983 年 6 月入伍。1987 年空军第八飞行学院毕业。1998 年入选中国首批航天员。

2003 年 10 月 15 日，杨利伟单独乘坐神舟五号飞船进入太空飞行。他在出征前回答记者提问说："实现中华民族千年飞天梦想是一个神圣的使命，我有幸担负这项任务，感到无上光荣。我已做好了充分的准备，有信心和能力圆满地完成这次任务。"杨利伟在太空飞行 21 小时，环绕地球 14 圈，从太空传回他的活动图像，展示中国国旗和联合国旗，向世界各国人民问好。他表示："在太空感觉很好，太空的景色非常美。"

10 月 16 日安全返回地面，实现了中国人乘坐中国自己的飞船遨游太空的梦想。2003 年 11 月 7 日，杨利伟被授予"航天英雄"荣誉称号，并获"航天功勋奖章"。

翟志刚 中国第一个实现太空行走的航天员。1966 年 10 月出生。1985 年 6 月入伍。1989 年毕业于空军第三飞行学院。1998 年入选中国首批航天员。

2008 年 9 月 25 日，翟志刚和航天员刘伯明、景海鹏一起乘神舟七号飞船升空飞行。9 月 27 日，翟志刚穿上"飞天"舱外航天服，打开舱门到敞开的太空，出舱后挥舞着刘伯明从舱内递给他的一面五星红旗，向全国人民和全世界人民问好。这次太空行走虽然只有 19 分钟 35 秒，但却在载人航天史上留下了光辉的一页。2008 年 11 月 7 日，翟志刚被授予"航天英雄"荣誉称号，并获"航天功勋奖章"。

思考题：

1. 为什么说齐奥尔科夫斯基是宇航理论奠基人？他在宇航理论方面有哪些主要贡献？

2. 钱学森对中国航天事业的主要贡献是什么？

三、世界航天经典事件

从 1957 年 10 月到 2010 年的 53 年里，已有 6000 多颗人造卫星和空间探测器到太空遨游。从 1961 年 4 月到 2010 年的近 50 年里，已有 600 余名航天员 1200 多次进入太空飞行。人类进入一个征服太空的时代。

第一颗人造卫星问世

1957 年 10 月 4 日，苏联用 P－7 洲际导弹改装的卫星号运载火箭发射成功世界上第一颗人造卫星 CП－1 号（斯普特尼克一号）（图 1－20）。这颗卫星外形是一个铝合金的密封球体，直径 0.58 米，质量 83.6 千克。它在近地点 215 千米、远地点 947 千米的轨道上运行了 92 天，绕地球飞行约 1400 圈，完成试验任务后于 1958 年 1 月 4 日再入大气层烧毁。苏联塔斯社发表公告宣称："人造地球卫星开辟了星际航行的道路。"

图 1－20　1957 年 10 月 4 日，苏联发射
世界上第一颗人造地球卫星

1958 年 1 月 31 日，美国用朱诺一号（也叫丘辟特 C）运载火箭将第一颗探险者卫星送上太空运行。这颗卫星呈柱形，长约 1 米，直径 0.15 米，质量 4.8 千克。1958 年 5 月 23 日停止工作，但在轨道上运行 12 年，直到 1970 年 3 月 31 日才坠入大气层烧毁。

1965 年 11 月 26 日，法国用钻石 A 号运载火箭把第一颗试验卫星一号送入太空。这颗卫星的质量 38 千克，在近地点 530 千米、远地点 1820 千米的轨道上运行。

1970 年 2 月 11 日，日本用 L－4S－5 运载火箭发射成功第一颗大隅号技术试验卫星，卫星质量 23.6 千克。

1970 年 4 月 24 日，中国用长征一号运载火箭发射成功第一颗东方红一号卫星。卫星为球形多面体，直径 1 米，质量 173 千克，在近地点 439 千米、远地点 2384 千米的轨道上运行，播放《东方红》乐曲，连续工作 328 天。中国成为世界上第五个独立研制发射人造卫星的国家。

世界上第一次载人太空飞行

1961 年 4 月 12 日，苏联发射东方一号飞船，把世界上第一位航天员加加林送入近地点 180 千米、远地点 230 千米的地球轨道，经过 108 分钟、环绕地球一周的飞行，安全返回地面。这次太空飞行的成功，开创了载人航天的新纪元（图 1－21）。

图 1－21　加加林整装待发

1962 年 2 月 20 日，美国发射水星六号飞船，把航天员格伦送入地球轨道运行 3 圈，历时 4 小时 55 分钟，完成了美国第一次载人轨道飞行。

2003 年 10 月 15 日，中国发射神舟五号飞船，把航天员杨利伟送入地球轨道，在太空飞行 21 小时 23 分钟，环绕地球 14 圈，行程 60 万千米。中国成为世界上第三个实现载人太空飞行的国家。

世界上第一次载人登月飞行

1969 年 7 月 16 日，美国发射阿波罗十一号飞船，载阿姆斯特朗、奥尔德林和科林斯 3 名航天员实现登月飞行。7 月 20 日，阿姆斯特朗和奥尔德林乘登月舱，飞离月球轨道，在月球静海地区安全降落，登上月球。他们在月球上停留了 2 小时 31 分钟，采集了 22 千克月球土壤和岩石标本，在月面上竖立一块金属板，板上镌刻着一段文字：

图 1－22　美国航天员奥尔德林从登月舱下来

图 1－23　阿波罗十一号飞船登月的三名航天员（中为阿姆斯特朗）

"公元 1969 年 7 月，我们从行星地球首次在月球上留下足迹，我们为全人类的和平而来。"阿姆斯特朗和奥尔德林完成登月壮举后，回到月球轨道上与指令舱中的科林斯会合，7 月 24 日返航降落在太平洋上，为人类首次登月画上了圆满的句号。此后到 1972 年 12 月，美国又进行了 6 次载人登月飞行，其中 5 次成功，一次登月失利，但安全返回地球。阿波罗飞船总共 6 次载 18 名航天员参加登月飞行，12 名航天员登上月球，在月球上一共停留 280 小时，月面行程 100 千米，采集带回月岩样品 440 千克。阿波罗载人登月飞行，书写了载人航天史上一页辉煌篇章（图 1－22、图 1－23）。

世界上第一座空间站上天运行

1971 年 4 月 19 日，苏联成功发射世界上第一座空间站礼炮一号（图 1－24）。礼炮 1 号空间站入轨后，有两艘联盟号飞船各载 3 名航天员前往与其对接飞行，但只有一艘飞船对接成功。1971 年 6 月 7 日联盟十一号飞船载 3 名航天员升空，到轨道上与礼炮一号空间站成功对接，3 名航天员在空间站上停留 26 天，开展了一系列科学考察活动。空间站成为航天员在太空工作和生活的新居所，开辟了人类太空活动的新领域。礼炮一号空间站在太空运行 6 个月，同年 10 月 11 日在太平洋上空坠落陨毁。

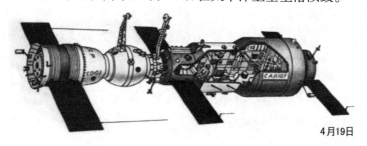

4月19日

图 1－24　苏联礼炮一号空间站

从 1971 年 4 月到 1982 年 4 月，苏联一共发射 7 座礼炮号空间站。其中礼炮七号空间站在太空运行 8 年，共接待 11 艘飞船的 28 名航天员到站上工作，载人飞行累计时间有 800 多天，1984 年到站上的 3 名航天员创造了站上居留 237 天的纪录。礼炮七号空间站最后于 1990 年 2 月 7 日坠入大气层中烧毁。

美国于 1973 年 5 月 14 日发射成功一座名叫天空实验室的空间站，到达 435 千米高的近圆轨道上运行。阿波罗号飞船 3 次把 3 批 9 名航天员送上天空实验室开展空间科学实验活动。他们在天空实验室分别居留 28 天、59 天和 84 天，共停留了 171 天，舱外活动 42 小时，使用 58 种科学仪器进行了 270 多项研究实验工作。1979 年 7 月 12 日，天空实验室进入大气层烧毁，在太空运行总共 2249 天，航程达 14 亿千米。

世界第一架航天飞机太空翱翔

1981 年 4 月 12 日，美国第一架航天飞机哥伦比亚号从卡纳维拉尔角肯尼迪航天中心发射起飞，载上约翰·扬和克里平两名航天员进入距地面 277 千米的圆形轨道上飞行。这次在太空飞行两天，4 月 14 日航天飞机降落地面。第一架航天飞机首次载人飞行取得圆满成功。约翰·扬激动地说："我相信，人类与星球之间来往的日子不会遥远了。"

从此至 2010 年的 30 年间，美国共有 5 架航天飞机进行了 132 次飞行，其中哥伦比亚号 28 次、挑战者号 10 次、发现号 38 次、亚特兰蒂斯号 32 次、奋进号 24 次，共把

520 名航天员送上太空活动，展现了一幅载人航天的绚丽画卷。

世界上第一座大型组合式空间站的长期飞行

1986 年 2 月 20 日，苏联成功发射一座大型空间站和平号（图 1－25）。它的核心舱有 6 个对接口，采用模块组合的方式，对接组成一座载人空间飞行器。从 1987 年 3 月到 1996 年 4 月，先后发射量子一号、量子二号、晶体号、光谱号、自然号 5 个科学实验舱，到和平号的核心舱对接成功，同时不断派货运飞船为和平号空间站运送补给物品，派载人飞船运送航天员到站上工作和生活。

从 1986 年到 2000 年，和平号空间站共接待 31 艘联盟 T 型和联盟 TM 型飞船 80 人次的航天员到站上进行长期工作或短期考察。还有 9 次与美国航天飞机对接，大约 60 人次航天员到站上短期联袂飞行，共完成 2.2 万次科学实验任务。其中，俄罗斯航天员波利亚科夫创造了在站上 438 天的太空飞行纪录，阿乌杰耶夫则创造了 3 次上站累计时间 747 天的飞行纪录。

和平号空间站的设计寿命 5 年，却在太空运行了整整 15 年。2001 年 3 月 23 日，它成功地坠落在南太平洋预定海域，结束了它辉煌一生的使命。

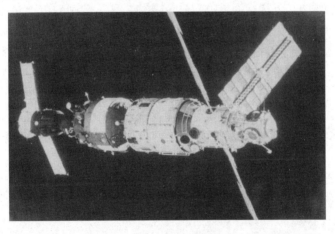

图 1－25　1986 年 2 月 20 日，苏联发射成功和平号空间站

美国航天飞机发生爆炸惨祸

航天具有巨大的风险，最令人震惊的是美国航天飞机两次机毁人亡的惨剧（图 1－26）。

1986 年 1 月 28 日，美国挑战者号航天飞机进行它的第 10 次飞行。这次飞行有 7 名航天员参加，包括两名女航天员，其中中学女教师麦考利夫将到太空开设两节航天课。但当挑战者号航天飞机发射升空 74 秒，突然发生爆炸，7 位航天员不幸罹难，麦考利夫初次参加航天飞行就壮志未酬，献出了宝贵的生命。经过调查表明，这次挑战者号航天飞机爆炸是机上右侧固体火箭助推器连接处的密封圈失效造成的惨祸。

2003 年 1 月 16 日，美国哥伦比亚号航天飞机载 7 名航天员发射升空，进行它的第 28 次太空飞行。在 16 天的太空飞行中，开展了 80 多项科学实验，其中包括中国北京景山学校学生搭载的"蚕在太空吐丝结茧"实验项目，已经取得蚕蛹孵化的成功。但 2 月 1 日哥伦比亚号完成飞行任务返航时，仅差 16 分钟就要着陆的瞬间突然爆炸解体坠

图1-26 挑战者号航天飞机升空后爆炸

毁，所有实验成果都付之东流。这次航天飞机是由机身左翼前缘的防热瓦被一块掉下的碎片击中损坏，导致超高温气体进入燃烧爆炸而失事。哥伦比亚号魂断太空，又有7名航天员壮烈牺牲。美国国家航空航天局局长在悼念仪式上说："这些航天员都具有他们所从事的职业所需要的胆略和本领。他们中每一位都知道，重大的贡献必然伴随着巨大的风险，然而在探索太空的道路上，他们每个人都情愿甚至乐于承担这样的风险。对于他们7位来说，这实现了他们的梦想。"

第一个到达火星表面考察的探测器

苏联和美国从20世纪60年代起就开始发射火星探测器，对火星地貌进行探测考察。1975年8月和9月，美国先后发射海盗一号和海盗二号探测器，在火星上软着陆考察，没有发现有生命存在的痕迹。1996年12月，美国发射火星探路者，1997年7月到达火星表面的阿瑞斯谷地登陆，7月15日第一辆叫"索杰纳"（意译为"旅居者"）的火星漫游车走下着陆器，对火星进行科学考察，发现火星上存在水冰，几十亿年前发生过洪水。"索杰纳"火星车是第一个到火星上进行实地巡游考察的火星探测器。

2001年4月，美国发射"奥德赛"火星探测器，10月进入轨道进行考察，发现火星上存在冰冻水。2003年6月和7月，美国又发射了勇气号和机遇号两辆火星车，2004年1月先后在火星上着陆，对火星上是否存在生命作了实地考察。2007年8月又发射凤凰号火星探测器，2008年5月在火星北极地区着陆，继续寻觅火星上存在冰冻水以及是否适合存在生命的迹象。世界上许多国家都在实施火星考察计划，为人类登上火星考察创造条件（图1-27）。

图1-27 海盗二号探测器

第一个在太空布放最大的空间望远镜

1990年4月25日，美国发现号航天飞机将世界上最大的哈勃空间望远镜载上太空，施放到距地面607千米的轨道上，观测研究宇宙的奥秘，揭示宇宙起源、宇宙年龄、黑洞、类星体之谜（图1-28）。哈勃空间望远镜升空观测，引发了天文学研究的一次革命。从1993年至2009年，美国曾5次发射航天飞机载航天员到太空，对哈勃空间望远镜进行维修，使哈勃望远镜观测宇宙现象更清晰、更遥远，其观测能力比最初设计提高了100倍。20年来，哈勃空间望远镜共进行了80多万次天文观测，观测了3万多个天体，拍摄了57万张照片，确定宇宙历史为137亿年左右，证实大质量黑洞处于大多数星系的中心，探测到太阳系外存在有机物，认识了恒星和行星的形成，让人类对宇宙和自身的认识大大迈进了一步。哈勃空间望远镜预计2014年退役，将发射韦伯太空望远镜接替它的工作。

图1-28　哈勃空间望远镜

人类建设最大的国际空间站

　　1993年，由美国、俄罗斯、加拿大、日本、巴西和欧洲空间局11个成员国共同发起建造世界上最大的国际空间站（图1-29）。由俄罗斯的飞船和美国的航天飞机将各个单独的舱体和大型设备运到地球轨道上组装成一座太空大厦。从1998年开建，到2010年这座宏伟的航天工程基本建成，在建设过程中就开展了一系列卓有成效的载人航天活动。

　　1998年11月20日，俄罗斯用质子号运载火箭把第一个舱体曙光号多功能货舱送入近地点185千米、远地点354千米的初始轨道，同年12月4日，美国发射奋进号航天飞机，把团结号节点舱送入轨道，并同曙光号舱成功对接。2000年7月12日，俄罗斯又发射成功星辰号服务舱。在轨道上的曙光号、团结号和星辰号三舱对接成轨道联合体，加上近三年送去安装的通信设备、太阳能电池板和补给物品，具备了输送航天员到站上开展科学考察的条件。

　　截至2010年，国际空间站已在轨装配运行9个舱段和其他设备，包括：俄罗斯的曙光号多功能货舱、星辰号服务舱、黎明号实验舱、部分桁架和太阳能电池帆板；美国的团结号节点舱、命运号实验舱、探索号气闸舱、部分桁架和太阳能电池阵；欧空局的哥伦布号实验舱、和谐号节点舱、凡尔纳号自动转移飞行器；日本的希望号实验舱；意大利的宁静号节点舱、莱昂纳多号后勤舱；加拿大的移动基座系统等。这座太空大厦已拥有9个大房间，其中包括3个实验室，另有6个睡觉隔间、2个卫生间、2个厨房、1

个餐厅和2个健身房。从2000年11月第一批3名航天员进驻国际空间站，10年来有俄罗斯载人飞船和美国航天飞机载25个长期考察组、234名航天员到站上开展科学考察活动。航天员进行了150次太空行走，开展了600多项科学实验，取得丰硕的科学考察成果。

国际空间站将于2011年全部建成，预计使用到2020年，将在载人航天领域书写一笔浓墨重彩的华章。

图1-29　由美、俄等16个国家建造的国际空间站

思考题：

1. 什么是航天飞机？航天飞机在载人航天中有什么贡献？
2. 什么是国际空间站？国际空间站主要结构由哪几部分组成？

四、航天工具和航天器

航天，必须有摆脱地球引力束缚的技术手段或运载工具，这就是运载火箭和天地往返运输系统。

运载火箭一般指一次性使用的多级火箭，它是航天技术的基础，是开展航天活动必须具备的先决条件。运载火箭通常是用两级到四级子火箭串联或并联组成，采用化学推进剂的有液体火箭和固体火箭。运载火箭用来完成把航天器送到太空预定轨道或预定空间目标的任务。

航天器即指进入太空进行各种探测活动的空间飞行器，包括人造地球卫星、宇宙飞船（无人和载人飞船）、航天飞机、空间站、空间探测器等。其中航天飞机是把运载火箭和航天器结合为一体的天地往返运输系统。

1. 运载火箭

目前世界上已有7个国家能够独立研制和发射运载火箭。运载火箭可以把航天器发送到近地轨道、太阳同步轨道、地球静止轨道甚至月球轨道执行太空探测任务。

苏联/俄罗斯的运载火箭

第一种卫星号运载火箭——为一级半的结构，由一个芯级和 4 个捆绑的助推器组成。火箭全长 29.17 米，起飞质量 267 吨，起飞推力 3900 千牛，能把 1400 千克的有效载荷送入 200 千米高的近地轨道。

在卫星号火箭的基础上，经过改进，又派生出东方号、闪电号、联盟号等系列运载火箭（图 1-30）。东方号火箭全长 38.36 米，起飞质量 287 吨，其近地轨道运载能力为 4725 千克，太阳同步轨道运载能力为 1840 千克，发射过第一个月球探测器和第一艘载人飞船。闪电号是一种三级火箭，主要用于发射闪电号重型通信卫星和宇宙号预警卫星，也用于发射各种空间探测器。联盟号火箭分为二级型和三级型，主要用于发射低轨道航天器，其中包括发射联盟号载人飞船。现用于发射载人飞船的联盟 U 型二级火箭，是可靠性较高的一种运载火箭。

质子号运载火箭——共发展了二、三、四级 3 种类型（图 1-31）。二级型质子二号火箭是基本型，其低轨道运载能力达到 12 吨，1965 年 7 月 16 日首飞成功。三级型质子号火箭的低轨道运载能力达到 20 吨，1971 年至 1982 年发射过礼炮号和和平号空间站。四级型质子号火箭全长 57 米，起飞质量 680 吨，其地球静止转移轨道运载能力为 5.5 吨，1967 年投入使用以来发射过荧光屏号、地平线号等通信卫星和月球号、金星号、火星号等空间探测器。2001 年 4 月首次发射成功的质子 M 号运载火箭，箭长 42.3 米（不含上面级），质量 700 吨，近地轨道运载能力可达 22 吨。

苏联/俄罗斯运载能力最大的能源号运载火箭——箭长 60 米，总质量 2400 吨，能把 100 吨重的有效载荷送入近地轨道（图 1-32）。1988 年 11 月曾将重达 82 吨的暴风雪号无人航天飞机送上预定轨道。

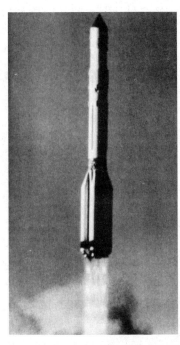

图 1-30　苏联/俄罗斯的联盟号火箭　　图 1-31　苏联/俄罗斯的质子号火箭

图 1-32　苏联/俄罗斯的能源号火箭

美国的运载火箭

宇宙神系列运载火箭——1958 年 12 月首次发射成功世界上第一颗通信卫星。1990 年 7 月成功发射的宇宙神一号火箭，其近地轨道运载能力为 5900 千克，地球静止转移轨道运载能力为 2375 千克，主要用于发射中型通信卫星或气象卫星。2002 年 8 月开始发射宇宙神五号运载火箭，其低轨道运载能力达到 20 吨。

德尔塔系列运载火箭——1960 年 5 月首次发射成功（图 1-33）。1989 年 2 月首次发射的德尔塔二号运载火箭，全长 37.16 米，最大直径 4.6 米，有 6925 型和 7925 型两种，其低轨道运载能力分别为 3900 千克和 5045 千克。2000 年 8 月发射的德尔塔三号运载火箭，低轨道运载能力达 8160 千克，地球静止转移轨道运载能力为 3810 千克。德尔塔四号运载火箭有 5 种型号，最大近地轨道运载能力达 23 吨，地球静止轨道运载能力为 13 吨，其中德尔塔四号 M 运载火箭具有直接向地球静止轨道发射 6275 千克有效载荷的能力。

大力神系列运载火箭——1964 年 4 月用大力神 2 型火箭首次发射飞船，低轨道运载能力为 3175 千克。大力神三号运载火箭的低轨道运载能力达到 14 吨，地球静止转移轨道运载能力为 5 吨。1997 年 2 月发射成功的大力神 4 型 B 运载火箭，如采用"半人马座"上面级，能把 5.8 吨通信卫星送入地球静止轨道，或把 21.8 吨的载荷送入近地轨道（图 1-34）。

土星系列登月火箭——1964 年 1 月发射成功土星一号运载火箭，火箭全长 38.5 米，直径 6.55 米，起飞质量 508 吨，起飞推力 6668 千牛，能把 8 吨重的有效载荷送上 500 千米高的圆轨道（图 1-35）。1966 年发射的土星一号 B 运载火箭，能把 18 吨重的有效载荷送上近地轨道。1967 年 9 月开始发射土星五号运载火箭，箭长达 110.6 米，最大直径 10.06 米，起飞质量 2946 吨，起飞推力 34029 千牛，飞往月球轨道的动载能力达 47 吨，曾 7 次成功发射载人登月飞船。

图 1-33 美国德尔塔
运载火箭

图 1-34 美国大力神 4B
运载火箭

图 1-35 美国土星五号
运载火箭

欧空局的阿丽亚娜运载火箭

欧洲空间局（英、法 16 个国家组织）研制发射的阿丽亚娜运载火箭共有 5 种型号，截至 2010 年，阿丽亚娜火箭已有近 200 次的发射纪录。

阿丽亚娜 1 型火箭，1979 年 12 月首次发射，共发射 11 次，其中失败 2 次。它是一种三级液体火箭，地球静止转移轨道运载能力为 1850 千克。

阿丽亚娜 2 型火箭，共发射 6 次，其中失败 1 次，其地球静止转移轨道运载能力 2175 千克。

阿丽亚娜 3 型火箭，共发射 11 次，其中失败 1 次，其地球静止转移轨道运载能力提高到 2580 千克。

图 1-36 欧空局阿丽亚娜 4 型运载火箭

图 1-37 欧空局阿丽亚娜 5 型运载火箭

阿丽亚娜 4 型火箭（图 1 – 36），按固体和液体助推器的捆绑数目不同，研制 6 种型号，即基本型（无捆绑的 40 型）、42P 型（捆绑 2 台固体助推器）、44P 型（捆绑 4 台固体助推器）、42L 型（捆绑 2 台液体助推器）、42LP 型（捆绑 2 台液体助推器和 2 台固体助推器）、44L 型（捆绑 4 台液体助推器）。它们的地球静止转移轨道运载能力从 1.9 吨到 4.6 吨。从 1988 年 6 月到 2002 年 2 月共发射 116 次，自 1994 年以后连续74 次发射无一失败。

　　阿丽亚娜 5 型火箭于 2002 年 8 月首飞成功（图 1 – 37）。它可把重 6.8 吨的有效载荷送入地球静止转移轨道，把 18 吨的舱体送入 500 千米高的圆轨道或把 12 吨的轨道平台送入 800 千米高的太阳同步轨道，还具有 5.9 吨的双星或 5.5 吨的三星发射能力。

日本的运载火箭

　　日本的运载火箭经历了 L 系列、M 系列、N 系列、H 系列 4 个发展阶段。

　　1994 年 2 月，日本研制的 H2 运载火箭发射成功。它是一种两级捆绑两台固体助推器的运载火箭，其低轨道运载能力为 10 吨，地球静止转移轨道运载能力 2 ~ 3 吨。

　　2001 年 8 月，日本成功发射 H2A 新型运载火箭。H2A 全长 53 米，起飞质量 258 吨，其地球静止转移轨道运载能力为 4 ~ 5 吨。如果捆绑不同数量和不同种类的助推器，地球静止转移轨道运载能力可分别达到 7.5 吨和 9.5 吨（图 1 – 38）。

图 1 – 38　日本 H – 1 运载火箭

图 1 – 39　印度极轨卫星运载火箭

印度的运载火箭

　　印度研制有两种运载火箭。一种叫极轨卫星运载火箭（PSLV），1994 年 10 月首次成功发射。这是一种四级火箭，全长 44.2 米，捆绑 6 台固体助推器，可将 1 ~ 1.6 吨的有效载荷送入 500 ~ 900 千米高的极地轨道（图 1 – 39）。

　　另一种叫静止卫星运载火箭（GSLV），2001 年 4 月首次发射成功。其中 D1 型箭长49 米，起飞质量 401 吨，地球静止转移轨道运载能力 2 吨；MK2 型箭长 50.9 米，起飞质量 412 吨，地球静止转移轨道运载能力 2 ~ 6 吨；改进后的 MK3 型火箭的地球静止转移轨道运载能力为 4 ~ 6 吨。

2. 人造地球卫星

科学家把环绕地球运行的无人航天器称为人造地球卫星，简称人造卫星或卫星。人造卫星的运行轨道，通常有近地轨道，指低地球轨道，一般高度在 200 ~ 400 千米之间；太阳同步轨道，指与地球绕太阳公转方向相同、通过地球南北两极的轨道，所以又称极地轨道，一般在高度 600 ~ 2000 千米之间；地球静止轨道，指卫星运行周期等于地球自转一周且倾角等于零度的圆形轨道，这种轨道在太空仅有一条，轨道高度为 35786 千米（通常都说 36000 千米）。

人造卫星根据其任务和应用要求选择不同的运行轨道。按照人造卫星的功能或用途，划分为科学卫星、技术试验卫星和应用卫星三大类。特别是世界上发射最多的应用卫星，又划分为无线电信号中继类、对地观测平台类和导航定位基准类三种。

无线电信号中继类卫星——这类卫星一般叫广播通信卫星（图 1 – 40）。通信卫星作为在太空的无线电中继站，一是用于地面上相隔遥远的地方之间的电话、电报、电视、传真和数据传输，如国际通信卫星、国内通信卫星、军用通信卫星、海事卫星、广播卫星等；二是用于卫星与地面之间的电视与数据传输，如跟踪与数据中继卫星等，这类卫星装有转发器和天线，转发来自地面、海上、空中和太空的无线电信号。工作在低轨道上的通信卫星叫移动通信卫星，它通过多颗小卫星组成通信卫星星座，为地面移动用户提供通信服务；工作在地球静止轨道上的通信卫星叫静止通信卫星，在地球赤道上空的静止轨道上等距布设 3 颗卫星，通信可覆盖全球任何地方。

1958 年 12 月，美国发射世界上第一颗通信卫星斯科尔号；1963 年 2 月，美国发射第一颗地球同步轨道通信卫星辛康一号；1965 年 4 月美国发射成功晨鸟号即国际通信卫星一号，正式开通国际商用通信服务；

图 1 – 40　1983 年 4 月，美国从挑战者号航天飞机上发射世界第一颗跟踪和数据中继卫星

2001 年 6 月发射上天的国际通信卫星 901，装有 42 个 C 波段转发器和 14 个 Ku 波段转发器，能提供更大覆盖率和更强的信号，满足全球的数字业务和特定通信业务日益增长的需求。世界上的通信卫星已发射上千颗。

对地观测平台类卫星——这类卫星有气象卫星、资源卫星、海洋卫星、环境监测卫星、侦察卫星等。它们通过各种遥感设备和探测设备，观测地球气象变化、监测地球环

图 1-41 诺阿号极轨气象卫星
拍摄的台风云图

境、勘查地球资源、侦察地面信息等。

1960年4月，美国发射成功世界上第一颗气象卫星泰罗斯一号。1975年10月发射第一颗静止气象卫星戈斯一号。目前在轨运行的有诺阿系列极轨气象卫星。1998年5月发射第三代首颗诺阿十六号气象卫星，起飞质量2.2吨，载有高分辨率红外探测器等10种仪器，首次装备了微波探测装置，是卫星全天候大气探测的重要发展。世界上已发射300多颗气象卫星，建立起了全球气象卫星系统和全球卫星大气观测网。（图1-41）

1972年7月，美国发射世界上第一颗地球资源卫星陆地卫星一号（图1-42）。1986年2月，法国发射斯波特一号地球资源卫星。1999年4月，美国发射第三代地球资源卫星陆地卫星七号，全色波段的空间分辨率达到15米，每天能提供700幅图像。

1959年2月，美国开始发射发现者号照相侦察卫星。1961年1月发射第一颗萨莫斯号第二代照相侦察卫星。1971年6月发射成功第一颗大鸟号照相侦察卫星（图1-43）。1976年12月发射成功第一颗锁眼十一号侦察卫星。1988年开始发射长曲棍球号雷达成像卫星，极大地提高了分辨率。

导航定位基准类卫星——这类卫星作为船舶、飞机、车辆、行人等导航和进行大地测量的基准点，通过接收卫星的电磁波信号来确定其所处瞬时位置和速度方向。

1960年4月，美国发射成功世界上第一颗导航卫星子午仪1B号（图1-44）。1978年2月发射导航星全球定位系统第一颗卫星，1994年3月建成由

图 1-42 1972年7月23日，
美国发射陆地一号卫星，
这是世界上第一颗地球资源卫星

图 1-43 1971年6月15日，美国发射
大鸟号侦察卫星

图 1-44 1964年4月13日，美国
发射子午仪-1B导航卫星

24 颗导航星组成的 GPS（全球定位系统）导航卫星星座。1995 年 12 月，俄罗斯建成由 24 颗导航卫星组成的"格罗拉斯"全球卫星导航系统。2005 年 12 月欧洲空间局发射第一颗导航卫星，开始建设"伽利略"卫星导航系统。

3. 宇宙飞船

宇宙飞船是载人或载货到太空飞行的航天器。其中载人飞船与人造卫星和空间探测器的主要不同，是自身带有生命保障系统，而且还有返回系统。迄今，载人飞船有载航天员到近地轨道上独自飞行的飞船，有载人到空间站接送航天员的飞船，有载人登月的飞船。

苏联/俄罗斯研制发展了三代 6 种型号的载人飞船。从 1961 年 4 月到 2010 年 12 月，共有 115 次发射纪录，278 人次航天员进入太空飞行。

东方号飞船，由座舱和服务舱组成（图 1－45）。总长 4.4 米，最大直径 2.4 米，重 4.7 吨，乘坐航天员 1 人，共完成 6 次载人飞行。

上升号飞船，也是双舱结构，总长 5 米，最大直径 2.4 米，重 5.5 吨，最多可乘坐 3 名航天员，只有两次载人飞行。

联盟号飞船，由轨道舱、返回舱和服务舱组成。总长 6.98 米，最大直径 2.72 米，重 6.6 吨，乘坐 3 名航天员。从 1967 年到 1981 年进行了 40 次载人太空飞行。

联盟 T 型飞船，从 1979 年到 1986 年进行了 14 次载人飞行；联盟 TM 型飞船，从 1986 年到 2002 年共进行了 33 次载人飞行；联盟 TMA 型飞船，从 2002 年到 2010 年共进行了 21 次载人飞行。2010 年 10 月

图 1－45 1961 年 4 月 12 日，加加林乘坐东方一号宇宙飞船实现了人类第一次太空之旅

8 日，还有一艘联盟 TMA－OIM 载人飞船进行了首次载人飞行。

进步号货运飞船，总长 7.94 米，最大直径 2.2 米，发射重量 7 吨，载货 2400 千克。从 1978 年 1 月到 2010 年，共发射进步型货运飞船 42 艘、进步 M 型货运飞船 70 多艘。

美国研制发展了 3 代载人飞船，从 1962 年到 1975 年共有 29 次载人飞行纪录，把 69 人次航天员送上太空飞行。

水星号飞船，单舱结构，呈圆锥形，高 2.9 米，底部直径 1.83 米，顶部直径 0.5 米，重 1～1.9 吨，乘坐 1 名航天员。从 1961 年 5 月到 1963 年 5 月共有 6 次载人飞行，其中有 2 次亚轨道飞行。

双子星座号飞船，双舱结构，呈倒置的漏斗形，高 5.7 米，底部直径 3 米，顶部直径 0.8 米，重 3.2～3.8 吨，乘坐 2 名

图 1－46 美国阿波罗号宇宙飞船

航天员。从 1964 年 4 月到 1966 年 11 月，共有 10 次载人飞行。

阿波罗号飞船，由指令舱、服务舱和登月舱三部分组成。飞船本身长 16 米，重 46 吨。（图 1－46）从 1968 年到 1975 年，共有 15 次载人飞行，其中包括 7 次载人登月飞行，6 次登月成功。

4. 空间站

图 1－47　1973 年 5 月 14 日，
美国成功发射天空实验室

图 1－48　1982 年 4 月 19 日，苏联
发射成功礼炮七号空间站

空间站又称轨道站、航天站，系供多名航天员在太空轨道上长期巡访、工作和居住的航天器。发射时不载人，进入轨道后才派航天员进站活动，也不载人返回地面，完成任务后空间站坠入大气层烧毁。

美国的天空实验室空间站

1973 年 5 月 14 日，美国用土星五号运载火箭把天空实验室空间站发射进入 435 千米高的近地轨道。天空实验室由指令舱、轨道舱、服务舱以及仪器舱、气闸舱、对接舱等部分组成，总长 36 米，直径 6.7 米，最大宽度 27 米，总质量 90 吨，能提供 360 立方米的工作场所。（图 1－47）

天空实验室共接待三批 9 名航天员到站上开展空间实验活动。他们在天空实验室共停留 171 天，出舱活动 40 多小时，用 58 种科学仪器进行了 270 多项实验，拍摄了 18 万张太阳活动照片和 4 万多张地球照片。1979 年 7 月 11 日坠入大气层烧毁，在太空运行了 6 年。

苏联／俄罗斯的空间站

礼炮号空间站——1971 年 4 月 19 日发射成功礼炮一号空间站。礼炮一号空间站由轨道舱、服务舱和对接舱组成，呈不规则的圆柱形，总长 12.5 米，最大直径 4 米，总质量 18.5 吨，最多可居住 6 名航天员。

礼炮一号至五号空间站有一个对接口，只能接纳一艘飞船对接飞行。1977 年 9 月和 1982 年 4 月发射的礼炮六号和礼炮七号空间站（图 1－48），则有两个对接口，可与一艘载人飞船和一艘货运飞船对接飞行，因此可以更多次和更长时间接待航天员到站上工作。礼炮六号在太空运行 5 年，16 批 33 人次航天员乘飞船到站上开展空间实验活动，累计载人飞行 676 天，完成 120 多项实验任务。礼炮七号在太空运行 8 年，共 11 批 28 人次航天员到站上开展空间实验活动，累计载人飞行超过 800 天，取得上千项科学实验成果。

和平号空间站——1986 年 2 月 20 日发射入轨。它采用多模块在太空组装，基础舱长 13.13 米，最大直径 4.2 米，质量 21 吨，有 6 个对接口，除接纳载人飞船和货运飞船外，还陆续对接 5 个实验舱，组成一个大型轨道联合体。全部组装完成后，全长 50 米，重达 123 吨。和平号空间站运行期间，共有 30 艘载人飞船、62 艘货运飞船与它实现对接，有 28 个长期考察组、78 人次航天员到站上工作。和平号空间站在太空运行 15 年，2001 年 3 月 23 日成功地坠落于南太平洋预定海域，结束了它的使命。

国际空间站

国际空间站是美国、俄罗斯等 16 个国家共同建造的一项跨世纪大型航天工程。从 1998 年 11 月开始发射曙光号多功能货舱，到 2010 年已有 6 个实验舱、1 个居住舱、3 个节点舱，以及平衡系统、供电系统、服务系统和运输系统，组成了一个大型空间联合体。整个主结构长 88 米，首尾距离 110 米，总质量 470 吨，工作和生活容积 1202 立方米。国际空间站全部建成的面积相当于两个足球场大小，工作和生活空间相当于两架波音 747 喷气式客机的体积。在距地面 350 千米平均高度的轨道上运行，设计寿命 10 年，实际上可使用到 2020 年。

5. 航天飞机

航天飞机是一种往返于地球和近地轨道之间运送航天员和载荷并可重复使用的航天器。航天飞机像火箭一样垂直发射，入轨后像卫星或飞船一样沿轨道飞行，返航则像飞机一样在跑道上滑翔降落，因此兼有火箭、卫星和飞机的技术特点。

苏联/俄罗斯的航天飞机

苏联的暴风雪号航天飞机用能源号运载火箭发射（图 1-49）。全长 36 米，高 16 米，翼展 24 米，机身直径 5.6 米，起飞质量 105 吨，着陆质量 80 吨，大小与一架普通大型客机相差无几，最多可乘载 10 人。1988 年 11 月 15 日仅进行过一次不载人的试验飞行，之后就停飞弃用了。

美国的航天飞机

美国航天飞机是把运载火箭和航天器结合一起，成为一个统一的天地往返运输系统。它由轨道飞行器、外挂燃料箱和两个固体火箭助推器三大部分组成。总长 56 米，高约 23 米，轨道器直径 4 米，最大起飞质量 2041 吨。发射后，两个固体火箭助推器工作结束后即分离落入大西洋，打捞修理后还可再用；外挂燃料箱在燃料耗尽后即抛掉进入大气层烧毁；只有轨道器被送入轨道

图 1-49　苏联暴风雪号航天飞机

运行，完成飞行任务后只身返回地面。每次飞行最多载 7 名航天员、30 吨货物，在太

29

空飞行最多 30 天。

美国一共有 5 架航天飞机交替轮换载人飞行，截至 2010 年总共飞行 132 次，其中哥伦比亚号航天飞机 28 次（图 1－50），挑战者号航天飞机 10 次，发现号航天飞机 38 次，亚特兰蒂斯号航天飞机 32 次，奋进号航天飞机 24 次，共把 731 人次航天员送入太空飞行。

图 1－50　美国哥伦比亚号航天飞机竖立在发射台上

6. 空间探测器

科学家把发射到太空对月球、行星、太阳和行星际空间及至太阳系外的天体进行探测的无人航天器称为空间探测器，简称探测器。从 1959 年发射第一个月球探测器以来，半个世纪中已经有各大行星、小行星、彗星、太阳和宇宙天体的探测器，人类对深空探测已经取得了许多重大发现和重要成果。

图 1－51　1959 年 1 月 2 日，
苏联成功发射月球一号探测器

月球探测器

月球距离地球只有 38 万千米，是人类深空探测的第一个目标。自 1959 年以来，全世界发射了 126 个月球探测器，有 52 个成功到达月球考察。

苏联于 1959 年 1 月 2 日发射世界上第一个月球探测器月球一号，同年 9 月 12 日发射的月球二号是第一个到达月球的探测器（图 1－51）。到 1976 年 8 月，苏联共发射 24 个月球号探测器；1964 年 4 月到 1970 年 10 月又发射过 8 个"探测者"月球探测器。采取绕月、硬着陆、软着陆、月球车考察等方式，拍摄月球照片，采集月球壤样品，取得最初的探测成果。

美国于 1961 年 8 月到 1965 年 3 月，发射 9 个徘徊者探测器，其中 3 个到达月球，传回 1.3 万张月球照片（图1-52）。1966年5月到1967年1月，发射8个勘测者探测器，传回5.6万张月球照片。1966年8月到1967年8月，发射5个月球轨道环形器，绘制了98%的月面图。在阿波罗载人登月计划之后，从1994年到2008年，又先后发射克莱门汀号、月球勘探者号、月球勘测轨道器和月球坑观测感知器等月球探测器，最大发现是月球南北两极存在大量水冰。2009年又启动了重返月球的计划。

欧空局于2003年9月发射一个斯马特号月球探测器到月球轨道，2006年9月撞击月球。日本于2007年9月发射月女神月球探测卫星。印度于2008年10月发射月船一号月球探测器。世界上掀起了新一轮探月热潮。

图1-52 1961年8月至1965年3月美国共发射9个徘徊者号月球探测器

火星探测器

火星是地球的近邻，其环境特征与地球相似，有四季交替的气候变化。火星上是否存在水甚至生命，一直是人类渴望解开的谜。因此最早对行星的探测就是发射火星探测器。

苏联从1962年11月发射第一个火星一号探测器，到1973年8月共发射7个火星号探测器，拍摄发回了火星照片。1988年7月又发射火卫-1号和火卫-2号两个火星探测器。1996年11月俄罗斯又发射火星-96探测器，但结果均失败。

美国于1964年11月发射水手四号探测器，掠过火星拍摄了22幅火星照片。1975年8月和9月，先后发射海盗一号和海盗二号两个火星探测器，并在火星上软着陆成功。从1992年9月到1996年12月，又先后发射火星观察者、火星环球勘探者、火星探路者3个火星探测器。1997年7月火星探路者进入火星轨道，向火星上释放一个叫"索杰纳"的火星车，在火星表面采集了土壤和岩石样品，发现火星在几十亿年前曾发生过洪水，现存在有水冰。2001年4月发射的"奥德赛"火星探测器，也未找到火星水。2003年6月和7月，发射勇气号和机遇号两辆火星车，发现火星上曾经有过一段潮湿时期，这种环境可能适合有机生物的存在和繁衍。2005年8月又发射一个火星勘测轨道飞行器，试图在火星上寻觅生命存在的迹象。

欧空局于2003年6月发射"火星快车"探测器，2004年12月到达火星轨道，释放一个猎兔犬二号登陆舱，对火星进行实地考察，在火星南极发现固态水。

其他行星及行星际探测器

金星探测器——苏联于1961年2月到1983年一共发射了16个金星号探测器。美国于1962年8月到1973年11月，先后发射了3个水手号探测器，对金星进行探测，拍摄了4000多幅金星照片。1978年5月和8月，发射两个先驱者-金星探测器，测绘了93%的金星表面地形。1989年5月由航天飞机带上太空发射一个麦哲伦号金星探测器，首次获得第一张完整的金星图像。欧空局于 2005 年 11 月发射一个"金星快车"探测器，到金星轨道上进行探测活动。

木星探测器——美国于 1972 年、1973 年发射的先驱者十号和十一号探测器，1977 年发射的旅行者一号和二号探测器，在飞经木星时进行了探测，拍摄到木星大红斑照片，发现木星的新卫星以及火山活动情况。1989 年 10 月，由航天飞机带上太空发射一个伽利略号木星探测器，首次发现木星及其卫星的磁场，以及在木卫二的冰层下可能存在液态水（图 1 – 53）。

土星探测器——美国发射的先驱者 11 号、旅行者一号和二号探测器，曾飞过土星进行了探测，发现一些新的土星环和卫星，拍摄了几万张土星照片。1997 年 10 月，美国和欧空局合作发射卡西尼号土星探测器（图 1 – 54），2004 年 6 月进入土星轨道，并释放一个"惠更斯"子探测器到土星表面实地考察，发回上万幅土星、土星环和土卫族的照片，特别是对土卫六的探测表明，这颗土星卫星上可能孕育有生命。

图 1 – 53　1989 年 10 月 18 日，
美国成功发射伽利略号木星探测器

图 1 – 54　1997 年 10 月 26 日，
美国卡西尼号探测器飞往土星轨道

水星探测器——美国 1973 年 11 月发射水手十号探测器，飞临水星拍摄了 1 万张水星照片，绘制了水星图。2004 年 8 月发射专门的信使号水星探测器，将于 2011 年 3 月到达水星进行实地考察。

彗星、小行星探测器——1986 年 3 月，苏联的维加一号和二号探测器、日本的先驱号探测器、欧空局的乔托号探测器，对哈雷彗星进行了探测，拍摄了哈雷彗核的照片，并找到了彗核有简单的有机分子。1999 年 2 月美国发射的星尘号探测器，探测了怀尔德彗星，采集了彗星尘埃和气体样品（图 1 – 55）。2004 年 2 月欧空局发射罗塞塔号探测器，将于 2014 年到达格拉西缅科彗星进行探测考察。

美国于 1996 年 2 月发射尼尔号探测器，2000 年 2 月飞近"爱神"小行星进行探测。1998 年 10 月又发射深空一号探测器，飞近 1992KD 小行星进行了科学考察。

2006 年 1 月，美国发射新视野号探测器，预计将于 2015 年 7 月到达冥王星，对冥王星及其卫星以及柯伊伯带进行 5 年的探测考察。

太阳探测器——美国于 1980 年 2 月发射太阳峰年探测卫星，观测了太阳耀斑现象。1990 年 10 月美国与欧空局合作发射尤利西斯号太阳探测器，对太阳南北两极进行了探测，发回太阳风和磁场分布的探测数据（图 1-56）。

图 1-55　2004 年 1 月 3 日，
美国星尘号探测器成功完成对彗星的采样

图 1-56　1990 年 10 月 6 日，
美国将尤利西斯号太阳探测器送入轨道

宇宙观测的天文望远镜和地外文明探测器

哈勃空间望远镜——美国于 1990 年 4 月由航天飞机带上太空施放到 607 千米高的轨道上工作。体积犹如一辆公共汽车大小，长 13 米，宽 4.2 米，质量 11.6 吨。上天后发回 50 多万张天文照片，观测约 2 万个天文目标，证实了黑洞的存在，观测到遥远的类星体，了解到星系的形成和演化特征。

康普顿伽马射线空间望远镜——美国于 1991 年 4 月用航天飞机带上太空，布放到 490 千米高的轨道。它总长 9 米，直径 4.5 米，质量 17 吨，装有 4 种观测仪器，探测了宇宙中星系、类星体、黑洞等天体的生成和演化过程。2000 年 6 月由于姿态定位陀螺仪损坏，实行了人工坠毁。

钱德拉 X 射线空间望远镜——美国于 1999 年 7 月发射升空，用于探测星系、类星体等，寻找黑洞和星系中的暗物质。它长 11.8 米，质量 4.8 吨，已发现宇宙中 7000 个 X 射线源。

红外空间望远镜——2003 年 8 月，美国发射一座红外空间望远镜。它可探测到宇宙中的大部分电磁波谱，用于寻找褐矮星和超大行星，研究红外星系，揭示早期宇宙的面貌。

地外文明探测器——1972 年 3 月和 1973 年 4 月，美国先后发射先驱者十号和先驱者十一号探测器，经过对木星、土星的探测后，逐渐飞出太阳系，带着一张地球人类的"名片"，去宇宙深处寻觅外星人。这种探测器高 2.4 米，最大直径 2.7 米，质量 258 千克，装有 12 台科学仪器，特别是携带了一张镀金铝质牌，上面绘有地球在银河系中的位置以及地球人的图像。1977 年 9 月和 8 月，美国又先后发射旅行者一号和旅行者二号探测者，经过漫长的飞行后，也逐渐飞出太阳系，去宇宙深处探寻外星人的信息。它们携带了一张镀金铜质唱片，一面录制了116张图像，其中包括中国万里长城和中国家宴的照片，一面录有55种语言的问候语、27首世界名曲和35种自然界声响，其中包括中国普通话、广东话、厦门话和吴语以及古筝《高山流水》乐曲。这些空间探测器试图到宇宙中获取有关地外生命或地外文明的踪迹。2009年3月7日，美国又发射成功"开普勒"太空望远镜，肩负到宇宙空间去寻找类地行星和"外星人之家"的使命。

思考题：

1. 什么是人造地球卫星轨道？什么叫地球同步和地球静止卫星轨道？什么叫太阳同步轨道？

2. 运载火箭有哪些类型？它由哪几部分组成？各部分的功用是什么？

3. 怎样设计载人飞船？载人飞船主要结构是什么？

4. 什么是空间科学和空间探测器？

中国的航天历程

长剑倚天，卫星飞驰，"神舟"遨游，"嫦娥"奔月。中国于 1956 年 10 月开始发展航天事业，从无到有，从小到大，从弱到强，已经跻身于先进国家行列，屹立于世界民族之林。

从 1970 年 4 月 24 日第一枚运载火箭长征一号发射成功，到 2010 年 12 月长征系列运载火箭已有 136 次发射纪录，包括 33 次国际商业发射服务。此外 1972 年至 1981 年风暴一号有 5 次成功发射纪录。长征系列运载火箭已有四个系列 14 种，覆盖了近地轨道、太阳同步轨道、地球同步转移轨道各种轨道范围，近地轨道运载能力从 1.8 吨到 9.5 吨，太阳同步轨道运载能力从 0.4 吨到 2.8 吨，地球同步转移轨道运载能力从 1.5 吨到 5.1 吨，火箭总体技术性能、可靠性、适应性、成功率及火箭入轨精度、有效载荷系数、运载能力等方面都接近或达到国际先进水平。

40 年以来，长征系列运载火箭发射成功国产卫星 110 颗、外国卫星 32 颗，"神舟"飞船完成了 3 次载人太空飞行，"嫦娥"月球探测卫星已两次飞到月球轨道成功地完成了预定的探月任务。

一、人造卫星技术与应用

从 20 世纪 70 年代初，独立研制和发射第一颗人造卫星东方红一号以来，到 2010 年 12 月已发射国产各类卫星 108 颗，形成了科学试验、返回式、通信、气象、资源、导航、海洋卫星 7 个系列，在国民经济领域得到广泛应用，不仅促进了通信、气象、资源勘测、环境监测等的现代化，满足了日益增长的通信、广播、电视和教育事业的需要，而且提高了气候观测、气象预报、灾害监测准确性，在国土普查、地质勘探、地震预报、铁路选线、海上作业、农林开发、太空育种、城市规划、测量定位、海洋监测等方面发挥重要作用。

1. 科学试验卫星系列

我国研制发射实践系列科学探测与技术试验卫星 18 颗。1971 年 3 月 3 日用长征一号运载火箭发射成功实践一号科学探测与技术试验卫星（图 2 - 1），卫星呈 72 面球形多面体，入轨后测量了高空磁场、X 射线、宇宙射线和外热流等空间环境参数，进行了硅太阳能电池供电系统、主动式无源热控制系统等关键技术的试验。这颗卫星在轨工作

图 2-1　实践一号卫星

达 8 年。

1981 年 9 月 20 日，用一枚运载火箭发射 3 颗实践二号空间物理探测卫星。实践二号卫星质量 250 千克，主体为一个外接圆直径 1.23 米、高 1.1 米的八面棱柱体，四侧各装一块矩形太阳能电池板。星上载 11 种仪器，探测了高空磁场、大气红外辐射、太阳 X 射线、高空中性大气密度等高空物理参数。

1994 年 2 月 8 日发射实践四号空间探测卫星。卫星质量 397 千克，外形为直径 1.6 米、高 2.2 米的圆柱体。星上装 5 项 6 台探测仪器，探测近地空间带电粒子及其对航天器的效应。

1999 年 5 月 10 日发射实践五号科学实验卫星。卫星质量 298 千克，尺寸为 1.10 米 ×1.20 米 ×1.04 米。在太空进行了空间环境测量、单粒子效应试验和空间微重力试验等。

2004 年 9 月至 2010 年 10 月发射实践六号 4 组双星共 8 颗，主要用于空间环境探测、空间辐射环境及效应探测、空间物理探测等。

2005 年 7 月至 2010 年 6 月先后发射实践七号、实践十一号、实践十二号卫星，主要用于空间环境探测、星间测量和通信等空间科学技术试验。

2006 年 9 月 9 日发射的实践八号是一颗返回式育种卫星。它载有 9 大类 2000 余份约 215 千克农作物种子和菌种，9 月 25 日经过 15 天太空旅行返回地面，圆满完成诱变育种和机理研究的空间运行试验任务。

2. 科学探测返回式卫星系列

中国是世界上第三个掌握卫星回收技术的国家。从 1975 年 11 月到 2005 年 8 月用长征二号、长征二号丙和长征二号丁运载火箭，共圆满成功发射 22 颗返回式遥感卫星，其中回收成功 21 颗（图 2-2）。这些返回式卫星携带遥感设备和搭载设备，用于回收拍摄的胶片和空间搭载试验服务。卫星由圆柱体、截圆锥体和球形头部组成，最大直径

图 2-2　返回式卫星

2.2 米，最大高度 5.14 米，质量 3.4～3.9 吨，返回有效载荷 260～400 千克，在轨运行从 3～27 天。一类主要用于国土普查，另一类主要用于地图测绘。卫星回收后带回大量遥感数据和胶片，广泛应用于国土普查、水利建设、油矿勘探、地图测绘、环境监测、地震预报、铁路选线、减灾防灾等领域，此外利用空间技术试验和微重力实验进行材料加工、制备均匀砷化镓单晶物质等。在 2005 年 8 月 29 日发射的第 22 颗返回式卫星上，搭载了北京景山学校学生设计的"蚕在太空中吐丝结茧"的科学实验项目，研究了蚕经过太空环境所发生的变异情况。

3. 通信卫星系列

1984 年 4 月 8 日，用长征三号运载火箭发射成功东方红二号试验通信卫星。卫星呈圆柱体，最大高度 3.1 米，起飞质量 900 千克，进入静止轨道质量 420 千克。星上只有 2 个 C 波段转发器，通信试验成功。1986 年 2 月 1 日又发射成功一颗东方红二号实用通信卫星（图 2－3）。中国成为世界上第五个独立发射地球静止轨道通信卫星的国家。

1988 年 3 月至 1990 年 2 月，发射成功 3 颗东方红二号甲通信卫星。卫星质量 1023 千克，转发器增至 4 个，能传输 4 路彩色电视和 2400 路双向电话。这些通信卫星承担了当时中央广播电台 30 路对外广播，中央电视台第一、第二套节目转播，以及向国内边远地区转发中央台节目，开通了 8000 条国内话路。

1994 年 11 月和 1997 年用长征三号甲运载火箭发射两颗东方红三号通信卫星（图 2－4）。前一颗因星上姿控推力器泄漏，无法定点使用；后一颗定点在东经 125 度的地

37

图 2－3　1988 年 3 月 7 日，中国成功发射东方红二号甲通信卫星成功

图 2－4　1997 年 5 月 12 日，中国成功发射新一代通信卫星——东方红三号

球同步轨道位置，正常运行。东方红三号箱形结构为2.22米×1.72米×2.2米，质量为2330千克，有效载荷为220千克，装有24个C波段转发器，其中6个用于传输电视，18个用于传输电话、电报、电传和数据。它们可连续向全国同时传输6路彩色电视节目和15000路电话，工作寿命8年。2000年1月至2010年11月，又发射成功基于东方红三号卫星平台的中星二十二号、二十号、二十二号A、二十号A和鑫诺三号5颗通信卫星。"中星"系列通信卫星可以实现不同频段、不同区域之间的互联互通，为我国通信、广播和数据传输提供服务。鑫诺三号通信卫星具有直播电视的能力，星上装有22个转发器，其中16个至少可传送112套电视节目。2008年4月25日还发射成功一颗采用东方红三号卫星平台的天链一号跟踪与数据中继卫星，这是我国第一颗地球同步轨道数据中继卫星，主要用于为神舟载人飞船及后续载人航天器提供数据中继服务。

2006年10月29日，用长征三号乙运载火箭发射第一颗采用东方红四号平台的鑫诺二号通信卫星。卫星尺寸为2.36米×2.10米×3.60米，起飞重量5.1吨，采用全三轴稳定方式，装22台大功率K_u波段转发器，设计寿命15年。但鑫诺二号通信卫星在定点过程中出现技术故障，无法提供广播传输服务。

2007年5月和2008年10月，在先后发射成功采用东方红四号卫星平台的尼日利亚通信卫星一号和委内瑞拉一号卫星之后，2010年9月5日又成功发射鑫诺六号通信广播卫星。这颗基于东方红四号平台的卫星，装有24路C频段转发器、8路K_u频段转发器和1路S频段移动通信转发器，覆盖我国内地和港、澳、台地区，能够提供高效、优质的通信和广播业务服务。

4. 气象卫星系列

1988年9月和1990年9月，用长征四号甲运载火箭发射成功两颗风云一号太阳同步轨道气象卫星。卫星像一个方形匣子，高1.2米，长、宽各1.4米，太阳能电池板展开长8.6米，质量750千克。星上装有2台5通道可见光和红外扫描辐射仪，探测白天和夜间的云图、地表图像、海洋水色图像、海洋面温度、冰雪覆盖及植被生长等。这两颗气象卫星只在轨工作39天和165天就夭折了。1999年5月和2002年5月用长征四号乙运载火箭又成功发射了风云一号C星和风云一号D星（图2-5），这两颗气象卫星装有10个光谱通道的可见光和红外扫描辐射计，可获取丰富的大气和地表信息，为天气预报、气候研究、生态环境监测、灾情监测评估、农作物估产、海洋生物资源开发利用等服务。2008年5月27日和2010年11月5日用长征四号丙运载火箭发射成功两颗风云三号极轨气象卫星，这种第二代极轨气象卫星尺寸为4.44米×10米×3.97米，发射质量2295千克，能获取地球大气环境的三维全天候图像，在监测大范围自然灾害和生态环境，研究全球环境变化、气候变化规律和减灾防灾等方面发挥重要作用。

1997年6月至2008年12月，用长征三号和长征三号甲运载火箭发射成功5颗风云

图2-5　风云一号C气象卫星

二号地球静止轨道气象卫星。这种气象卫星质量 1389 千克，发射状态的直径 2.1 米，高 4.38 米，定点后高 3.1 米，采用自旋姿态稳定方式，每 25 分钟获取一幅地球全景圆盘图像，5～10 分钟获取任一区域的图像，提供天气预报、汛期气象、防灾和重大工程的天气保障服务。我国计划 2012 年发射第二代风云四号地球静止轨道气象卫星。我国是世界上第三个同时拥有太阳同步轨道和地球静止轨道气象卫星的国家。

5. 资源卫星系列

1999 年 10 月，用长征四号乙运载火箭发射成功第一颗资源一号卫星，卫星为长 2 米、宽 1.8 米、高 3 米的长方体，采用单太阳翼电池阵，质量 1540 千克，运行在 778 千米的太阳同步轨道。它拍摄的图像用于农林、土地、矿藏和海洋资源调查，在作物估产、绘制地图、测量耕地、城市规划、环境监测、灾害预报等领域发挥重要作用（图 2－6）。2003 年 10 月和 2007 年 9 月又发射成功两颗资源一号卫星，投入使用以来获取了 100 多万景图像，为全国 30 多个省市和重要部门提供服务，还参加国际减灾活动，为全球重大环境与灾害监测提供重要数据，展现出业务化、规模化的应用前景。

2000 年 9 月、2002 年 10 月和 2004 年 11 月，先后用长征四号乙运载火箭发射成功 3 颗资源二号卫星。这是一种传输型遥感卫星，卫星总质量 2800 千克，采用新型高性能太阳同步轨道卫星平台，实现了三星组网，主要用于国土资源勘查、环境监测与保护、城市规划、农作物估产、防灾减灾和空间科学试验等领域。

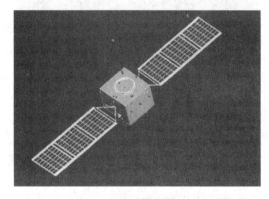

图 2－6　2008 年 9 月 6 日，中国成功发射两颗环境一号卫星

6. 导航卫星系列

2000 年 10 月 21 日，用长征三号甲运载火箭发射成功北斗一号导航卫星（图 2－7）。卫星运行在地球静止轨道，总质量 2320 千克。2000 年 12 月和 2003 年 5 月，又成功发射两颗北斗一号导航卫星，由 2 颗工作星和 1 颗备份星组成北斗一号区域性卫星导航定位系统。2007 年 2 月 3 日又发射一颗北斗一号导航试验卫星，作为北斗区域性导航定位系统的替补卫星。中国成为世界上第三个建成卫星导航定位系统的国家。第一个区域导航定位系统建成后，应用于航天、航空、航海、气象、海洋、地质、环境、测绘、水利、防火、救灾、铁路交通等领域，特别是在四川汶川、青海玉树抗震救灾中发挥了重要

图 2－7　2007 年 4 月 14 日，中国成功发射北斗导航系统的卫星

作用。

从 2007 年 4 月 14 日发射第一颗北斗导航卫星，开始实施北斗导航系统建设计划。截至 2010 年 12 月 18 日，已发射 7 颗北斗导航卫星，为北斗卫星导航系统组网建设迈出了重要一步。预计 2012 年首先实现 10 颗以上的卫星组网，提供覆盖亚太地区的定位、导航和短报文通信服务。

7. 海洋卫星系列

图 2-8　海洋一号卫星太阳能帆板

2002 年 5 月 15 日，海洋一号 A 卫星发射成功，结束了我国没有海洋卫星的历史。卫星本体为长 1.2 米、宽 1.1 米、高 0.996 米的六面体，两个太阳能电池阵展开后跨度为 7.529 米（图 2-8）。卫星质量 367 千克，设计寿命 2 年。海洋一号 A 星探测的数据，在海洋资源开发与管理、海洋环境监测与保护、海洋灾害监测与预报、海洋科学研究、海洋领域的国际与地区合作等方面发挥作用。

2007 年 4 月 11 日，海洋一号 B 卫星发射成功，使卫星海洋水色遥感业务得以持续保持。海洋一号 B 星主要用于探测叶绿素、悬浮泥沙、可溶有机物及海洋表面温度等要素和进行海洋带动态变化监测，为海洋经济发展和国防建设服务。我国海洋卫星的发展目标是：建立海洋水色、海洋动力、海洋监视监测三个卫星系列，不断提升卫星在轨运行的可靠性和业务化应用水平，实现海洋卫星和卫星海洋应用的持续稳定发展。

8. 现代小卫星的发展

现代小卫星的特点是体积小，重量轻，发射方式灵活，研制成本低，研制周期短。发射重量在 1000 千克以下的称小卫星，100 千克以下的称微小卫星。1999 年 5 月 10 日用长征四号乙运载火箭搭载发射的实践五号科学实验卫星是我国第一颗现代小卫星，并

图 2-9　探测一号和二号双星在技术厂房

以此形成一个小卫星公用平台 CAST968。采用 CAST968 小卫星公用平台设计的小卫星还有海洋一号、双星计划的两颗探测卫星（图 2-9）。2003 年 12 月和 2004 年 7 月发射的探测一号和探测二号两颗小卫星，质量分别 335 千克、343 千克，用于研究太阳活动、行星际扰动触发磁层空间暴和灾害性地球空间天气的物理过程，为空间活动的安全以及人类

生存环境的维护提供科学数据和相应对策。

2004年11月发射试验卫星二号，质量300千克，采用CAST2000小卫星平台。这颗卫星的目标是对现代小卫星的高精度控制技术、集成化星务管理技术、高效电源技术、多功能结构技术等新技术进行演示认证，形成一个实用且具有较高技术水平的小卫星平台。2008年9月发射成功采用CAST2000小卫星公用平台的环境一号A、B两颗小型光学遥感卫星，为生态环境变化研究和全天候灾害动态监测提供保障服务。

此外，2003年10月搭载发射的创新一号，是质量小于100千克的微小卫星，用于传输交通运输、环境保护和防汛抗旱等数据。2004年4月搭载的纳星一号，质量不到25千克，主要用于微小卫星轨道保持和变轨试验、对地成像试验以及数据传输、遥感摄影等试验。2007年5月搭载发射一颗皮星一号，质量只有2.5千克，主要用于微小卫星平台验证和微电子机械系统的技术试验。2009年12月15日搭载发射了第一颗希望一号科普小卫星。这是一颗为青少年服务的科学试验卫星，质量只有60千克，吸取了北京景山学校学生提出的"天圆地方"实验方案。这颗小卫星主要有3项飞行任务：一是建立无线电空间电台，供青少年无线电爱好者进行空间通信试验；二是采用宽视场彩色CMOS相机进行太空摄影；三是搭载"天圆地方"模型，观察微重力条件下5种颜色的颗粒状态。

思考题：

1. 人造卫星有几种？它们有什么共性和特点？
2. 为什么要对卫星进行姿态控制？卫星的姿态控制有几种？
3. 怎么样知道在轨运行的卫星是否工作？如何减小卫星的故障？

二、载人航天工程及展望

41

1992年9月，我国载人航天工程正式启动。这一规模宏大、技术复杂的航天工程包括七大系统：

航天员系统，在北京建设航天员选训中心，从空军飞行员中选拔培训第一批航天员；

载人飞船系统，设计研制航天员在太空活动的神舟号飞船；

运载火箭系统，研制安全可靠把载人飞船送上太空的新型大推力火箭；

飞船应用系统，研制能完成空间实验任务的有效载荷或设备；

发射场系统，在酒泉卫星发射中心兴建载人航天发射场；

测控通信系统，在北京建设载人航天飞行控制中心，研制或改建多座地面测控站和4艘远望号航天测量船，建成载人航天测控通信网；

着陆场系统，在内蒙古中部的四子王旗以北地区建设主着陆场，在酒泉发射场以东地区建设副着陆场，在陆上和海上设置应急救生区和营救回收系统。

1. 载人运载火箭和神舟飞船

中国载人运载火箭采用新研制的长征二号F大推力火箭（图2-10）。火箭全长58.3米，起飞质量479.8吨，整流罩最大直径3.8米，芯级直径3.35米，4个捆绑的

图 2-10　中国长征二号 F 运载火箭发射

助推器直径各为 2.25 米，能把 8 吨重的飞船送入 200～450 千米的近地轨道。火箭飞行的可靠性达 0.97，航天员的安全性达 0.997。长征二号 F 火箭新增加了故障检测处理系统和逃逸救生系统。火箭在功能、性能、可靠性和安全性方面全部达到了载人运载火箭的要求。

神舟飞船采用三舱一段结构，由轨道舱、返回舱、推进舱和一个附加段组成，呈圆柱体。总长 9.2 米，直径 2.5 米，总重 7.8 吨，其中返回舱重 3 吨，可载 3 名航天员。轨道舱位于飞船前部，是航天员在轨飞行期间生活、试验和装货的场所，舱外装有可收放的太阳能电池板和天线；返回舱位于飞船中部，是发射和返回过程中航天员乘坐的场所；推进舱位于飞船后部，为飞船提供动力，进行姿态控制、变轨和制动，并为航天员提供氧气和水，起保障和服务作用，舱外两侧装有主太阳能电池板。附加段在飞船顶部，用作与其他航天器对接或作为空间探测的平台。

1998 年 5 月，载人航天工程第一次在发射前进行综合演练，检验了运载火箭、飞船和发射场各系统之间的匹配性能和协调性能。同年 10 月完成 4 艘初样无人飞船结构的生产和总装工作。

2. 神舟号四次不载人试验飞行

1999 年 11 月 20 日，神舟一号试验飞船在酒泉卫星发射中心的载人航天发射场发射升空，约 10 分钟后进入预定轨道。神舟一号在太空绕地球飞行 4 圈，遨游 21 小时，11 月 21 日凌晨飞船返回舱在内蒙古中部地区成功着陆，完成载人航天工程的首次试验飞行。这次飞行考核了载人航天工程总体方案的可行性和飞船系统关键技术的可靠性，地面测控系统和 4 艘远望号测量船对飞船飞行进行了跟踪和测控，成功地开展了一系列科学实验活动。神舟一号飞船搭载的 57 种物品返回后开舱检查，均完好无损。

2001 年 1 月 10 日，神舟二号试验飞船发射升空，在预定轨道上环绕地球 108 圈，在太空飞行 7 天后，于 1 月 16 日安全返回地面。这是一艘无人正样飞船，轨道舱进行了首次留轨运行，在太空正常工作上百天，成功地开展了一系列空间科学实验。还重点考核了环境控制与生命保障、应急救生两个分系统的功能。

2002 年 3 月 25 日，神舟三号试验飞船发射升空，在太空轨道上飞行 6 天 18 小时后，4 月 1 日准确在内蒙古中部主着陆场返回地面。神舟三号飞船的技术状态与载人状态完全一致，特别是装载了一个"模拟人"，在太空模拟人体代谢、人体生理信号及形体状态等，还增加考核了逃逸与应急救生功能。

2002年12月30日，神舟四号试验飞船发射升空，进行了载人飞行前的一次演练。飞船在太空轨道上飞行6天18小时后，于2003年1月5日成功着陆返回。神舟四号飞船载有52件科研设备，开展了各项科学实验活动。飞船内安置了两个穿着航天服的"模拟人"，全面考核了舱内环境控制和生命保障系统（图2-11）。

神舟飞船经过4次不载人试验飞行，表明飞船性能已能完全满足载人飞行的要求。

3. 神舟飞船首次载人飞行

2003年10月15日，我国第一位航天员杨利伟乘坐神舟五号飞船从酒泉载人航天发射场顺利升空，在太空飞行21小时23分钟，环绕地球14圈，行程60万千米。10月16日凌晨在内蒙古四子王旗主着陆场成功返回地面。在神舟五号飞船进入轨道时，航天员杨利伟报告说："我感觉良好！"飞船环绕地球第一圈飞行时，杨利伟打开面罩，拿起书和笔，当他松开手时，笔在太空失重环境下立刻飘浮起来。飞行第二圈时，杨利伟由卧姿改为坐姿，并透过舷窗观测太空景色。15日11时后，杨利伟一边进餐，一边看书，然后休息，睡了约3小时。15日约16时，杨利伟报告说："航天服气密性良好，飞船工作正常。"18时40分飞船运行到第七圈，杨利伟在太空展示中国国旗和联合国旗，并说："向世界各国人民问好，向在太空中工作的同行们问好，感谢全国人民的关怀。"到第八圈时，他与在地面指挥大厅的妻子通话说道："在太空感觉很好，太空的景色非常美。"又对儿子说："好儿子，我看到咱们美丽的家了！"10月16日飞船在第十四圈飞行之后返航，杨利伟报告身体状况良好。当他自主走出返回舱舱口，即向迎接他的人群挥手。我国首次载人太空飞行取得圆满成功（图2-12）。

神舟五号飞船返回舱还搭载了一些物品，包括一面中国国旗、一面北京2008年奥运会会徽旗、一面联合国旗、人民币主币票样、中国首次载人航天飞行纪念邮票、中国载人航天工程纪念封和中国台湾地区的农作物种子等。中国首次载人航天飞行的圆满成功，是中国航天发展史上一座新的里程碑，标志着中国成为世界上第三个独立自主地完整掌握载人航天技术的国家。

43

图2-11　2003年1月5日，神舟四号飞船返回舱成功着陆

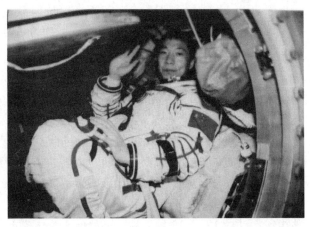

图2-12　2003年10月15日，神舟五号将航天员杨利伟送入太空飞行

4. 神舟飞船双人五天太空飞行

2005 年 10 月 12 日，神舟六号飞船升空，载航天员费俊龙、聂海胜进入预定轨道，环绕地球 76 圈，飞行 5 天，完成了中国真正意义上的有人参与的空间科学实验任务。10 月 17 日，飞船返回舱顺利着陆（图 2－13）。中国第二次载人太空飞行获得圆满成功。

这次载人飞行活动范围扩大到全船，航天员首次打开返回舱舱门进入轨道舱工作和生活；两位航天员脱下舱内航天服，换穿上工作服，进行科学实验；轨道舱装有热饭用的电加热器、睡袋和马桶；航天员的食品由神舟五号的二三十种增加到四五十种；神舟六号的轨道舱在与返回舱分离后，继续留轨工作半年，到 2006 年 6 月才落入大气层烧毁。

神舟六号飞船的飞行，主要完成了三项任务：一是突破了多人多天太空飞行技术；二是实现了有人参与的空间科学实验；三是进一步验证和考核了飞船的生命保障功能。

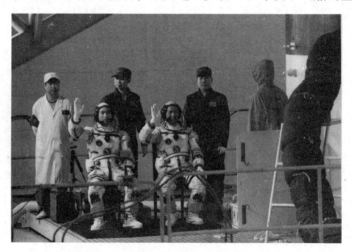

图 2－13　2005 年 10 月 12 日，神舟六号航天员
费俊龙和聂海胜出征情景

5. 神舟飞船实现载人舱外活动

2008 年 9 月 25 日，神舟七号飞船载 3 名航天员翟志刚、刘伯明、景海鹏进入太空飞行。9 月 28 日返回地面，胜利完成第三次太空飞行（图 2－14）。

在这次飞行中，翟志刚身穿中国研制的"飞天"舱外航天服，实现中国航天员的首次太空行走。翟志刚飘出气闸舱，沿着轨道舱壁活动，挥动着刘伯明从舱内递给他的一面小五星红旗，然后又在舱壁上安装科学试验样品，并取回一件薄膜材料。翟志刚向地面飞行控制中心报告："我已出舱，感觉良好，向全国人民、向全世界人民问好！"他出舱活动共 19 分 35 秒。神舟七号航天员太空行走成功，标志中国载人航天飞行揭开了新的一页。

图 2 - 14 2008 年 9 月 25 日，神舟七号航天员
翟志刚、景海鹏、刘伯明从太空归来

6. 中国载人航天的新目标

中国载人航天工程分三步发展：第一步发射载人飞船，把航天员送入近地轨道飞行，并安全返回地面。神舟五号和神舟六号的两次载人太空飞行已完成第一步的任务。

第二步实现航天员出舱活动，突破空间交会对接技术，建立短期有人照料的空间实验室。神舟七号已完成航天员太空行走。2011 年将发射天宫一号目标飞行器，然后研制神舟八号、九号、十号 3 艘飞船，发射入轨与天宫一号实现空间交会对接飞行，2015 年前再研制发射天宫二号、天宫三号两个空间飞行器。2016 年发射空间实验室，与多艘神舟号载人飞船进行对接联合飞行。

第三步预计 2020 年建成自主飞行的载人空间站，开展长期开发太空资源的载人飞行活动。

| 思考题：

1. 何谓载人航天？发展载人航天有何意义？
2. 什么是舱外航天服？舱外航天服的结构特点是什么？
3. 什么是航天食品？航天员在太空都用什么食品？

三、深空探测尝试与远景

月球探测是迈出深空探测的第一步。中国于 2000 年把开展月球探测为主的深空探测的预先研究作为航天技术的一个发展目标。2004 年 1 月正式启动命名为"嫦娥工程"的月球探测工程。

"嫦娥工程"一期项目是研制发射嫦娥一号月球探测卫星，开展绕月飞行探测活动。

1. 嫦娥绕月探测工程及任务

嫦娥工程包括五大系统：

月球探测卫星——嫦娥一号选用东方红三号卫星平台，外形是一立方体，质量2350千克，体积尺寸为2.0米×1.72米×2.2米，两侧安装两副大型太阳能电池板，最大跨度18.1米，采用三轴稳定姿态控制，在轨运行寿命超过1年。

运载火箭——发射嫦娥一号探月卫星的运载火箭选用长征三号甲。长征三号甲火箭全长52.52米，最大直径3.35米，起飞质量241吨，起飞推力2961千牛，低轨道运载能力7.2吨，地球同步转移轨道运载能力2.6吨。此前已有14次全胜发射纪录。

发射场——选用西昌卫星发射中心的3号发射工位，发射塔架高85.5米。

测控通信系统——月球到地球的平均距离有38万千米，要解决远程测控通信，选择以S频段航天测控网为主，辅以甚长基线干涉天文测量系统组成。

地面应用系统——由数据接收、运行管理、数据预处理、数据管理、科学应用与研究5个分系统组成。

嫦娥一号探月卫星实现四大科学目标：一是获取月球表面三维立体图像；二是探测月球表面14种元素的分布；三是探测月壤特性，估算月壤中氦-3的资源量；四是探测地月空间环境。

2. 嫦娥一号首次探月飞行

2007年10月24日，我国第一颗探月卫星嫦娥一号用长征三号甲（图2-15）运载火箭发射升空，首先进入近地点205千米、远地点50930千米的超地球轨道。然后，经过1次远地点加速和3次近地点加速，调整到近地点约600千米、远地点约40.5万千米的轨道。经过7天绕地飞行，10月31日卫星成功进入地月转移轨道。11月5日，嫦娥一号顺利被月球捕获，进入周期为12小时、近月点210千米、远月点8600千米的月球极轨椭圆轨道。11月7日调整为周期127分钟、高200千米的极月圆轨道，成为一颗月球卫星并开始探测工作。11月25日，正式公布嫦娥一号卫星传回的第一幅月面图像。嫦娥一号月球探测卫星飞行的圆满成功，实现了中华民族的千年奔月梦想。

2008年7月1日，嫦娥一号完成全月球影像数据的获取。2008年10月24日，顺利实现在轨一年的工作寿命，圆满完成探月任务。嫦娥一号累计飞行494天，不仅获取了全月球影像图，而且还取得了月表化学元素分布、月表矿物含量、月壤分布和近月环境等科学研究成果。嫦娥一号月球探测卫星于2009年3月1日

图2-15　中国长征三号甲运载火箭

46

受控撞击月球丰富海区域，完成了绕月探测使命（图 2 - 16、图 2 - 17）。

图 2 - 16　2007 年 10 月 24 日，我国嫦娥一号发射成功，这是嫦娥一号绕月卫星示意图

图 2 - 17　图为嫦娥一号拍摄的第一张月球图像

3. 嫦娥二号卫星直飞月球轨道

2010 年 10 月 1 日，嫦娥二号探月卫星用长征三号丙运载火箭发射升空。长征三号丙火箭全长 54.84 米，起飞质量 345 吨，地球同步转移轨道运载能力为 3.8 吨。嫦娥二号卫星质量 2.48 吨。发射约 25 分钟后，星箭分离，卫星直接进入近地点 200 千米、远地点约 38 万千米的地月转移轨道。这样嫦娥二号的奔月时间由嫦娥一号的 12 天减为 5 天。嫦娥二号卫星奔月飞行约 112 小时，经过 3 次近月制动，建立起距月球 100 千米的圆轨道。10 月 27 日，嫦娥二号卫星降低轨道在 15 千米处用 CCD 相机拍摄嫦娥三号预选着陆区月球虹湾地区的图像。11 月 8 日，公布了嫦娥二号卫星传回的月球虹湾区域局部影像图，标志着嫦娥二号工程任务取得圆满成功。

嫦娥二号探月卫星至少在轨工作半年，将更多地完成对月球的探测任务。

4. 探月工程的发展前景

嫦娥工程探月分"绕、落、回"三步设想。

第一步是研制和发射绕月探测卫星，突破地月飞行技术，对月球进行初步的探测。嫦娥一号卫星完成了探月"绕"的第一步任务。

第二步是实现月球软着陆探测和自动巡视勘察。嫦娥二号卫星完成了预选月球软着陆地的拍摄考查，为研制发射探测器在月球着陆积累了经验。预计 2013 年发射嫦娥三号卫星，并携带"中华牌月球车"到月球上软着陆探测，实现第二步探月"落"的任务。

第三步是实现到月球表面进行自动采样并带回地面。研制发射小型采样返回舱、月面钻岩机、月壤采样器、机器人操作臂等，将采集到的月壤月岩样品运回地球。预计2018年实现第三步无人探月"回"的任务。

这三步无人探测月球的任务完成后，2030年前后将实现载人登月飞行。

同时，我国已研制成萤火一号火星探测器。萤火一号主体部分长75厘米，宽75厘米，高60厘米，两侧有6块太阳能帆板，展开7.85米，质量只有110千克。它发射后将飞行3.5亿千米，到达近火点800千米、远火点8000千米的火星大椭圆轨道。萤火一号的主要任务是拍摄和探测火星附近空间环境，揭示火星上有无水和生命，为下一步火星探测打下基础。中国将揭开火星探测的序幕。

思考题：

1. 为什么要探测月球？

2. 月球探测器是怎样探测月球的？

3. 如何在月球上找水？

四、航天科学家和航天员

中国已经拥有一批贡献卓著的航天科学家和航天型号总设计师，老一代的有钱学森、任新民、屠守锷、黄纬禄、梁守槃等，第二代的有孙家栋、王永志等。此外在第一批14名航天员、第二批7名航天员（其中2名女航天员）中已有杨利伟、翟志刚等6名航天员参加过太空飞行，成为航天英雄或英雄航天员。

图2-18　任新民（右），中国火箭与航天技术开拓者之一

任新民——航天技术和液体火箭发动机专家（图2-18）。中国航天事业开创者和奠基者之一，中国科学院院士，"两弹一星功勋奖章"获得者。1915年12月出生。1956年8月被钱学森点名从哈尔滨军事工程学院调京参加国防部第五研究院筹建，负责组织液体火箭发动机和战略火箭的研制工作。1960年和1964年，他参与主持的仿制近程火箭和自行设计中近程火箭发射成功。1965年担任第一颗卫星运载火箭长征一号总设计师，1970年长征一号运载火箭发射第一颗东方红一号卫星成功。1975年参与组织领导长征二号运载火箭的研制、生产和飞行试验。1979年被任命为卫星通信工程总设计师，直接领导研制成功新型液氢液氧发动机，保证东方红二号静止轨道通

信卫星研制发射成功。1986 年后，先后担任东方红二号甲卫星通信工程、风云一号气象卫星工程、新型返回式卫星工程、发射外国卫星工程等工程总设计师，相继领导完成这些卫星的研制、发射任务。20 世纪 90 年代后，又组织载人航天技术方案论证，担任评审组组长，积极支持、推动载人航天工程的立项和研制，为神舟飞船的载人飞行成功做了许多铺路奠基的工作。他为中国航天的崛起奉献了毕生力量。

屠守锷——航天技术和火箭总体专家（图 2 - 19）。中国航天事业开创者之一，中国科学院院士，"两弹一星功勋奖章"获得者。1917 年 12 月出生。1957 年 2 月由聂荣臻元帅点将从北京航空学院调入国防部第五研究院，负责组织火箭总体和结构强度的研究工作。1965 年 3 月被任命为远程火箭的总设计师，他提出远程火箭初步设计方案，领导开展研制，1971 年取得发射基本成功。1980 年参与组织洲际运载火箭全程飞行试验，实现了中国运载火箭飞向太平洋的目标。1974 年后又先后担任长征二号运载火箭总设计师、长征二号 E 大推力运载火箭总顾问，为成功发射返回式卫星、重型通信卫星作出了重要贡献。他退居二线后仍担任高级技术顾问，参加新型号方案和航天计划的评审，献计献策，推动航天技术的跨越发展。

图 2 - 19　屠守锷（左四），中国第一枚远程火箭的总设计师；
梁守槃（左二），中国火箭与航天技术开拓者之一

黄纬禄——航天技术和火箭控制技术专家（图 2 - 20）。中国航天事业的开创者之一，中国科学院院士，"两弹一星功勋奖章"获得者。1916 年 12 月出生。1957 年从通讯兵电信研究院调入国防部第五研究院，先后担任近程和中近程火箭的副总设计师，领导解决了控制系统的许多难题。1979 年被任命为潜地战略火箭总设计师，率领科技人员攻克了一系列难关，于 1982 年 10 月潜地战略火箭发射试验取得成功。黄纬禄一生拥有

图 2 - 20　黄纬禄（中），中国火箭与控制专家

劳动模范、科研标兵、优秀共产党员、全国先进工作者、全国五一劳动奖章获得者等荣誉称号。他常说："事情都是大家做的，要写应该好好写一写那些战斗在科研生产第一线的科技工作者、工人和后勤服务人员，他们才是真正的英雄。"

　　梁守槃——航天技术和火箭发动机专家（图2-19）。中国航天事业开创者之一，中国科学院院士。1916年4月出生，2009年9月5日病逝。1956年8月从哈尔滨军事工程学院调京筹建国防部第五研究院，组织设计建设火箭发动机试车台，开创液体火箭发动机的研究工作。他担任第一枚近程火箭的总设计师和飞航式系列火箭总设计师，推动了火箭技术的持续发展，为中国火箭事业的发展作出了突出贡献。

图2-21　庄逢甘（左二），梁思礼（右一），
均为中科院院士，中国航天奠基人之一

图2-22　孙家栋，中国运载火箭
与卫星技术专家

　　庄逢甘——航天技术和空气动力学专家（图2-21）。中国航天事业开创者之一，中国科学院院士，曾获国家科技进步特等奖、载人航天突出贡献者奖。1925年2月出生，2010年11月8日病逝。1956年从哈尔滨军事工程学院调入国防部第五研究院，主持空气动力学试验基地和风洞试验设施建设，开创航天空气动力学研究工作。他多次参与领导和组织航天工程发展计划的制订和实施，为航天事业的持续发展作出了突出贡献。

　　孙家栋——卫星和空间技术专家（图2-22）。中国航天事业开拓者之一，中国科学院院士，"两弹一星功勋奖章"和国家最高科学技术奖获得者。1929年4月出生。1958年自苏联茹科夫斯基军事工程学院毕业回国进入国防部第五研究院一分院，参加地地火箭的研制工作，为近程和中近程火箭发射成功作出了贡献。1968年被钱学森推荐到中国空间技术研究院，负责第一颗人造卫星的总体设计，保障东方红一号卫星发射成功。随后他作为技术总负责人或工程总设计师，参与领导研制成功第一颗实践号科学试验卫星、第一颗返回式卫星和第一颗地球静止轨道试验通信卫星。随后，他又出任东方红三号通信卫星、风云二号气象卫星、中巴资源一号卫星三大卫星工程的总设计师，组织领导完成了这些卫星的研制发射工作。1988年孙家栋率领代表团与美国谈判，签署了中国发射美国制造的通信卫星的协议，打开了中国运载火箭进入世界卫星发射市场的大门。他还担任北斗卫星导航系统工程的总设计师，领导建成了北斗一号区域性导航定位系统。2004年他又担任嫦娥探月工程总设计师，与总指挥栾恩杰、首席科学家欧阳自远一起，领导完成了嫦娥一号月球探测卫星的研制发射任务。孙家栋在我国发射卫星工程、载人航天工程、月球探测卫星工程的三个阶段都倾注了自己的最大精力和智慧，作出了杰出贡献。

王永志——航天火箭技术专家（图2-23）。中国工程院院士，国家最高科学技术奖获得者。1932年11月出生。1961年自苏联莫斯科航空学院毕业，分配到国防部第五研究院一分院参加火箭研制工作。他曾任洲际火箭副总设计师和新一代运载火箭总设计师，倡导和组织研制长征二号E捆绑式大推动火箭获得成功。1991年后担任运载火箭系列总设计师，并被钱学森举荐担任载人航天工程总设计师。他主持制定了载人航工程方案，并领导神舟飞

图2-23　王永志（右一），火箭技术专家，中国载人航天工程总设计师；右二，王德臣，长征二号E火箭总设计师；右三，屠守锷，中国航天事业开创者之一、中国远程火箭总设计师

船载人飞行成功，实现了中华民族的千年飞天梦想。他被授予"载人航天功勋科学家"荣誉称号。

谢光选——火箭技术专家。中国科学院院士。1922年11月出生。他作为技术骨干和总体主任设计师，参加从近程到洲际火箭的研制发射；钱学森推荐他担任"两弹"结合试验协调组组长，直至"两弹"结合飞行试验爆炸成功。1977年任长征三号运载火箭总设计师，带领科技人员攻克低温发动机、全箭耦合振动等技术难关，保证1984年长征三号运载火箭发射东方红二号通信卫星和1990年发射美国制造的亚洲一号通信卫星获得成功。他曾说过："掌握这种发射同步轨道通信卫星的技术是我国运载火箭技术的一个重大突破，我是总设计师，必须全力以赴做好这项工作，保证发射成功。"

王德臣——火箭技术专家。1933年1月出生。1957年北京航空学院毕业，分配到国防部第五研究院一分院从事火箭总体结构设计工作。他参加了从近程到洲际火箭的研制和发射。1974年担任长征二号运载火箭副总设计师，1986年被任命为长征二号E运载火箭总设计师，突破了火箭捆绑技术，保证发射美国制造的重型通信卫星获得成功。他在载人航天工程启动时，被任命为长征二号F运载火箭总设计师，领导了初期研制长征二号F运载火箭的工作。他对发展捆绑式大推力火箭作出了重要贡献。

龙乐豪——火箭技术专家。中国工程院院士。1938年7月出生。1963年从上海交通大学毕业后，分配到国防部第五研究院一分院从事火箭总体设计工作。他曾担任长征三号运载火箭总体主任设计师。1986年担任长征三号甲大推力运载火箭总设计师，先后领导研制成功长征三号甲、长征三号乙和长征三号丙系列运载火箭，为我国大推力火箭的发展作出了卓越贡献。龙乐豪说："我对中国运载火箭事业炽热的心永远是年轻的，为了让中国长征系列火箭成为名牌火箭，我仍会不懈地努力。我一生最大的心愿就

是用自己设计的火箭多发射几颗国内外的卫星，为自己的国家和一生钟爱的事业奋斗不止。"

孙敬良——火箭技术专家。中国工程院院士。1930 年 7 月出生。1958 年自苏联茹科夫斯基军事工程学院毕业，分配到国防部第五研究院一分院从事液体发动机研究工作。1981 年在上海航天局主持风暴一号运载火箭的技术工作，取得"一箭三星"的发射成功。1979 年担任长征四号运载火箭总设计师，1990 年后又担任长征二号丁运载火箭总设计师，这两种运载火箭在发射风云一号、资源一号卫星和新型返回式卫星中屡建功绩。

刘竹生——火箭技术专家。中国科学院院士。1939 年 11 月出生。1963 年自哈尔滨工业大学毕业，分配到国防部第五研究院一分院从事火箭结构强度研究工作。1994 年任长征二号 E 运载火箭副总设计师，主持攻克了整流罩分离技术难关。1998 年担任长征二号 F 载人运载火箭总设计师，主持研制逃逸系统、故障检测系统、全冗余控制系统和无级变速高定位精度活动发射平台，解决了整流罩与载人飞船之间动力学特性技术难题，研制成功长征二号 F 运载火箭，为发射成功神舟载人飞船作出了重要贡献。

钱骥——空间技术专家。"两弹一星功勋奖章"获得者。1917 年 12 月出生，1983 年 8 月 28 日病逝。1958 年在中国科学院任卫星设计院业务负责人，在赵九章的主持下开展人造卫星的研究工作。作为我国第一颗人造卫星总体负责人，提出东方红一号卫星的方案，并负责组建卫星总体设计机构。1968 年调入中国空间技术研究院，负责开展第一颗卫星的研制，1970 年 4 月第一颗卫星发射成功后又提出实践二号卫星的设计方案，推动了卫星研制事业的发展。

52

图 2 - 24　杨嘉墀，七航天技术和自动控制专家

杨嘉墀——空间技术专家（图2 - 24）。中国科学院院士，"两弹一星功勋奖章"获得者。1919 年 7 月出生，2006 年 6 月 11 日病逝。1958 年后承担人造卫星测试系统的研究工作。1968 年从中国科学院调入中国空间技术研究院，从事航天自动化技术的研究，参与制定空间技术发展规划，领导卫星姿态测量系统和控制系统的方案论证和技术攻关。1980 年出任实践二号卫星总设计师，为成功研制科学实验卫星和返回式卫星作出了贡献。

1986 年，杨嘉墀参与提出发展高科技的建议，催生著名的 863 计划的诞生，为载人航天工程和航天技术的持续发展创造了良好条件。他在生前写的《我这五十年》的总结中说："我作为一名参与者，对于当年参加'两弹一星'研制工作的科技人员和工人们自强自立，团结协作，为发展我国高科技事业而拼搏的精神，至今难以忘怀。我期望我国航天技术将不断占领科技高地，到 21 世纪中叶，能够与世界空间大国在航天科技领域并驾齐驱，为人类作出更大的贡献。"

王希季——空间技术专家（图2-25）。中国科学院院士，"两弹一星功勋奖章"获得者。1921年7月出生。1958年调入上海机电设计院，和杨南生一起主持研制第一枚探空火箭。1965年提出第一颗卫星运载火箭的方案设计。1972年担任第一代返回式卫星总设计师，主持完成返回式卫星的研制和发射任务。他还担任小卫星首席专家和"双星计划"工程总设计师，并为载人航天工程献计献策，为促进航天事业的发展作出了突出贡献。

图2-25 王希季，空间技术开拓者之一

戚发轫——空间技术专家。中国工程院院士（图2-26）。1933年4月出生。1957年北京航空学院毕业，分配到国防部第五研究院一分院从事火箭技术研制工作。他经历了从仿制近程火箭到研制远程火箭的全过程。1968年调入中国空间技术研究院，成为东方红一号卫星的技术负责人之一，亲历了把第一颗卫星发射成功。1979年后，他相继被任命为东方红二号、东方红二号甲、东方红三号通信卫星总设计师，率领科技人员将这些卫星一一送上太空遨游。1992年后，他担

图2-26 戚发轫，空间技术专家，
神舟飞船总设计师

任神舟飞船总设计师，带领科技人员投入紧张的研制工作，从1999年神舟飞船无人试验飞行直到2003年实现载人航天飞行。戚发轫把自己的智慧和精力都献给了中国航天事业的壮大发展。

闵桂荣——空间技术专家。中国科学院、中国工程院院士（图2-27）。1933年6月出生。1968年从中科院调入中国空间技术研究院，参加第一颗卫星热控制系统的研制，奠定了卫星热控制的技术基础。他先后负责返回式卫星总体技术和摄影定位卫星的研制任务。1991年担任人造卫星系列总设计师，为卫星发展做了大量卓有成效的工作，对实现航天高科技规划奠定了坚实基础。

图2-27 闵桂荣，工程热物理学及空间技术专家

孟执中——空间技术专家。中国工程院院士。1934 年 12 月出生。1978 年开始参加卫星的研制生产。他担任风云一号气象卫星总设计师，主持卫星总体技术工作，带领科技人员研制发射成功 4 颗风云一号气象卫星，其中风云一号 C 星列入世界业务气象卫星序列，性能达到国际同类气象卫星的先进水平。

李卿——空间技术专家。1944 年出生。1965 年开始从事卫星研究工作。1986 年后担任风云二号静止轨道气象卫星总设计师，在卫星研制成功而发生意外爆炸的情况下，他带领科技人员攻克一系列难关，最终成功发射卫星。风云二号气象卫星已成功发射 5 颗，风云二号 C 星已成为第一颗正式业务星，在气象预报、环境监测、防灾减灾中发挥重要作用。

陈宜元——空间技术专家。1934 年 6 月出生。1960 年开始从事探空火箭无线电测控研究，1968 年参加人造卫星研制，领导研制微波统一测控系统。1971 年负责研制实践一号卫星遥测系统。1988 年出任中巴资源一号卫星总设计师，1999 年第一颗资源一号卫星发射成功，达到当时国外同类卫星的水平。

范本尧——空间技术专家。中国工程院院士。1935 年 8 月出生。1958 年开始从事探空火箭技术设计工作。1984 年后作为东方红二号通信卫星总体技术负责人和副总设计师、总设计师，参与领导研制成功东方红二号和东方红二号甲通信卫星。后来又担任东方红三号通信卫星和北斗一号导航卫星总设计师。东方红三号通信卫星的发射成功，标志着中国卫星真正达到国际卫星研制的先进水平。北斗一号卫星导航系统的建立，使中国成为世界上第三个自主建立卫星导航系统的国家。

叶培建——空间技术专家。中国科学院院士（图 2 - 28）。1945 年 1 月出生。1967 年进入北京控制工程研究所工作。1989 年后作为技术骨干参加卫星及其应用技术的研究。1992 年担任资源二号卫星总设计师，先后有 3 颗资源二号卫星升空工作，均超过 2 年的设计寿命，而且第一次实现由不同时间发射同一型号的 3 颗卫星组网工作。2004 年他被任命为嫦娥一号月球探测卫星的总设计师，3 年后嫦娥一号成功进入月球轨道并胜利完成预定的探月任务。

赵九章——地球物理学家。中国人造卫星事业的倡导者和奠基人，中国科学院院士，"两弹一星功勋奖章"获得者（图 2 - 29）。1907 年出生，1968 年逝世。1957 年起，倡导发展中国自己的人造卫星，1958 年担任中国科学院人造地球卫星研制组负责人，开展探空火箭研究，探索卫星发展的方向。1964 年底提出开展卫星研制建议，并领

图 2 - 28　叶培建，绕月工程嫦娥一号卫星系统总指挥兼总设计师

导制定卫星发展规划和方案，做了许多开创性和奠基性工作，对推动人造卫星的发展起了重要作用。

姚桐斌——火箭和航天材料专家，"两弹一星功勋奖章"获得者（图2-30）。1922年9月出生，1968年6月逝世。1957年到国防部第五研究院一分院领导火箭材料研究工作，组织航天材料工艺研究取得卓著成绩，为发展火箭和航天材料作出突出贡献。

　　图2-29　赵九章　　　　　图2-30　姚桐斌　　　　　图2-31　陈芳允

陈芳允——空间系统工程、天线电子学专家。中国航天测控技术奠基人之一，中国科学院院士，"两弹一星功勋奖章"获得者（图2-31）。1916年4月出生，2004年4月病逝。1964年后，负责卫星测量控制系统的总体设计、设备研制、布局建设及星地协调工作。1965年，担任卫星测量、控制的总体技术负责人，组织攻克卫星跟踪测轨技术、回收测量技术，提出微波统一测控系统、"双星定位系统"等方案，为卫星的准确测量、跟踪测轨、发射运行等发挥了重要作用。

费俊龙——中国航天员大队航天员（图2-32）。1965年5月出生。1998年1月正式选为首批航天员。2005年10月12日，担任神舟六号飞船指令长参加航天飞行，在太空飞行5天完成预定科学实验任务。2005年11月被授予"英雄航天员"荣誉称号，并获"航天功勋奖章"。

聂海胜——中国航天员大队航天员（图2-32）。1964年9月出生。1998年1月正式选为首批航天员。2005年10月12日，担任神舟六号飞船指令长参加航天飞行，在太空飞行5天完成预定科学实验任务。2005年11月被授予"英雄航天员"荣誉称号，并获"航天功勋奖章"。

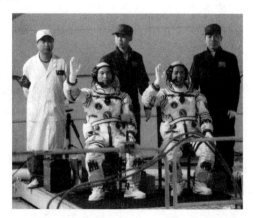

图2-32　费俊龙（左）、聂海胜（右）

刘伯明——中国航天员大队航天员（图2-33）。1966年9月出生。1998年1月正式选为首批航天员。2008年9月25日，乘神舟七号飞船参加第三次载人航天飞行。2008年11月被授予"英雄航天员"荣誉称号，并获"航天功勋奖章"。

景海鹏——中国航天员大队航天员（图2-33）。1966年10月出生。1998年1月选为首批航天员。2008年9月25日，乘神舟七号飞船参加第三次载人航天飞行。2008

年11月被授予"英雄航天员"荣誉称号,并获"航天功勋奖章"。

图2－33　景海鹏（左）、翟志刚（中）、刘伯明（右）

思考题:

我国"两弹一星"工程中的"星"指的是人造卫星,那么"两弹"指的是什么?

五、航天精神的形成发展

伟大的事业孕育伟大的精神。在中国航天事业的发展中孕育形成了"自力更生、艰苦奋斗、大力协同、无私奉献、严谨务实、勇于攀登"的航天精神。航天精神集中突出地反映了航天工作者的崇高思想境界、精神风貌和优良作风。

1999年9月18日,党中央、国务院、中央军委在北京召开隆重表彰为研制"两弹一星"作出突出贡献的科技专家大会上总结提出了"热爱祖国、无私奉献,自力更生,艰苦奋斗,大力协同,勇于登攀"的"两弹一星"精神。"两弹一星"精神,是爱国主义、集体主义、社会主义精神和科学精神活生生的体现,是中国人民在20世纪为中华民族创造的新的宝贵精神财富。

2003年11月7日,在党中央、国务院、中央军委召开的庆祝我国首次载人航天飞行圆满成功大会上,强调提出了"特别能吃苦,特别能战斗,特别能攻关,特别能奉献"的载人航天精神。载人航天精神是"两弹一星"精神在新时期的发扬光大,是以爱国主义为核心的民族精神和以改革创新为核心的时代精神的生动体现。

航天精神、"两弹一星"精神和载人航天精神,是激励我们不懈奋斗的精神力量,为中华民族增添了宝贵的精神财富。

卫星遥感图像读图与解图

一、几何配准模块

（一）简介

1. 主要功能

几何配准就是对不同时间、不同波段、不同传感器系统所获得的同一地区的影像，建立其相互间的对应关系，确定相应的几何变换参数，对两幅图像中的一幅进行几何变换的方法，即实现两幅影像同名像元的配准。国产陆地卫星图像处理软件几何配准模块主要完成遥感卫星影像的几何精校正和正射校正。

（1）多项式校正

几何多项式模型是一个二维坐标变换过程，即校正过程不需要有影像的 DEM 信息。当多项式次数为 1 时，模型等同于仿射变换，这在地形平坦时适用，影像间的变形可以认为是平移、旋转和缩放。

（2）TIN 格网校正

TIN 校正的基本思想是，由均匀分布于整个影像的控制点生成三角形格网，对每个格网采用多项式模型进行校正，它的好处是对每个三角网格可以得到较好的校正精度。

（3）严格轨道模型

严格物理模型基于卫星轨道、摄影测量、测地学和地图学，模型反映了影像获取时的几何物理状态，用来纠正由于卫星、传感器、地球和地图投影等引起的变形。采用严格物理模型所校正影像必须为原始未经系统几何校正的整景影像。

（4）RPC/RPB 模型

有理多项式系数，又称有理函数模型，是各种传感器几何模型的一种更普遍和更完善的表达形式，适用于不同类型的传感器，其校正计算独立于像点和地面点坐标系统，已逐步成为许多卫星图像数据的传递标准。国产陆地卫星图像处理软件支持以下数据的 RPC/RPB 模型校正：Ikonos、GeoEye、Cartosat1、ALOS、QuickBird、WorldView 等。

（5）自动配准

自动匹配在图像校正过程中提供同名点自动提取功能，实现原始影像和参考影像间特征点的自动搜索和匹配，为下一步的几何配准服务。软件采用 Moravec 算法对分块影像提取特征点，其算法考虑如下：①在金字塔顶层提取一定熟练度特征点进行全局搜索匹配，计算两幅影像的近似仿射变换系数；②在参考影像上提取一定数量的特征点；③对步骤②中提取出的特征点，使用步骤①中得到的近似变换系数预测在原始影像上的概略位置，并在金字塔上逐级进行模板匹配，若相关系数大于设定阈值则判定点对为同名点对。

（二）界面介绍

点击国产陆地卫星图像处理软件主模块上的 **几何配准** 按钮，启动几何配准模块：

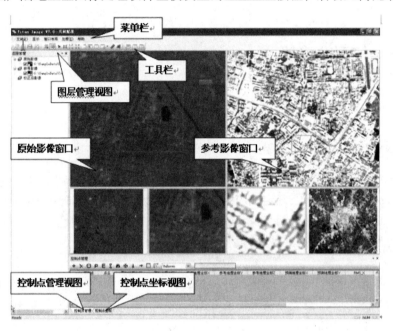

图 1-1　几何配准模块界面

1. 菜单介绍

（1）文件菜单

表 1-1　文件菜单命令列表

命　令	功　能
加载原始影像	加载一幅原始影像
加载参考影像	加载参考影像
加载外部数据格式	加载有特定格式的影像数据如 ALOS 等
关联原始影像 DEM 文件	正射校正时选择与其对应的 DEM 高程文件
打开工程	打开 .irw 为后缀的 Titan 工程文件
关闭工程	关闭当前工程文件

续表

命　令	功　　能
保存工程	保存当前影像、控制点等的状态为工程文件
工程另存为	把当前工程另存为其它 irw 工程文件
退出	退出几何配准模块

1）【文件】→【加载原始影像】/【加载参考影像】

选择加载一副原始影像或多幅具有相同地理参考的参考影像。

软件支持 tmg 内部格式及 tif、Geotif、img、pix、jpg、raw、bmp 等常用数据格式。

2）【文件】→【加载外部数据格式】

加载特定格式的影像数据，目前支持将分片存储 ALOS 与 WordView 影像数据进行拼接。

国产陆地卫星图像处理软件支持 4 幅或 6 幅 ALOS 影像的拼接，选择分片影像时注意按照拼接位置从左至右选择影像。

选择分片存储的 WordView 影像并将其拼接为一副影像。

3）【文件】→【关联原始影像 DEM 文件】

正射校正时，为原始待校正影像关联对应的 DEM 文件。

勾选"更新控制点列表全部高程值"后，可将外部控制点的高程值更新为与 DEM 文件一致。

（2）显示菜单

表 1-2　显示菜单命令列表

命　令	功　　能
1∶1 显示	影像按 1∶1 比例显示原始像元大小
中心放大	影像以当前视图中心为基准进行放大操作
中心缩小	影像以当前视图中心为基准进行缩小操作
拉框显示	对影像进行局部漫游及放大缩小显示
平移	实现影像漫游
选择控制点	进行控制点选取
透明度	设置最上层图层的透明度
卷帘	设置上下图层间的对比显示
闪烁	使上下图层交替闪烁显示

1）【显示】→【拉框显示】

影像分三级视窗显示，可通过调整拉框位置及大小改变影像显示范围及大小，拉框显示功能只限于在全局视窗及局部视窗中使用。

2)【显示】→【平移】

通过在视图内拖拽实现对影像的漫游浏览。

3)【显示】→【透明度】

参考影像窗口支持多个图层相叠加，选择透明度功能，通过工具条上滑块的移动可设置最上层图层的透明度，实现与下层图层的对比显示。

4)【显示】→【卷帘】

当参考影像视图内有多个图层叠加时，选能卷帘功能，通过工具条上滑块的移动可控制最上层图层的水平、垂直方向的显示范围，与下层图层形成对比。

（3）窗口布局

表 1-3　窗口布局命令列表

命　令	功　　能
标准窗口	显示标准窗口界面
全屏	显示全屏界面
原始影像窗口	显示原始影像窗口
图层管理视图	打开/关闭图层管理视图
控制点管理视图	打开/关闭控制点管理视图
控制点坐标视图	打开/关闭控制点坐标视图
工程工具栏	打开/关闭工程工具栏
缩放工具栏	打开/关闭缩放工具栏
窗口布局工具栏	打开/关闭窗口布局工具栏

1)【窗口布局】→【标准窗口】

在用户界面显示图层管理视图、原始影像与参考影像三级窗口显示视图、控制点管理与控制点坐标视图，适用于初始添加影像及使用参考影像进行控制点选取。

2)【窗口布局】→【全屏】

在用户界面只显示原始影像与参考影像三级窗口显示视图，方便进行影像校正结果对比。

3)【窗口布局】→【原始影像窗口】

显示图层管理视图、原始影像三级窗口显示视图、控制点管理及控制点坐标视图，适用于手动输入控制点及导入已有控制点文件。

4)【窗口布局】→【图层管理视图】

在图层管理视图中可进行影像添加、删除、图层属性查看等图层管理操作。

图层管理视图包含三个专题图层，分别为原始影像、参考影像及校正后影像，其中原始影像窗口支持加载一副影像，参考影像支持加载多幅影像及矢量数据，多项式及TIN 格网校正后的结果影像会自动加载到校正后影像专题图层，正射校正结果可以手工添加至校正后影像专题图层。

在图层管理视图内点击右键，用户可进行加载影像、删除等操作。

图层管理视图操作选项参数说明：

● 加载影像：选中需要加影像的专题图层，点击右键加载 tif、tmg、img 等常见格式图像；

● 加载矢量：当需要从国家地形图或其他矢量数据中选择控制点时，选中参考影像专题图层，点击右键选择加载矢量数据，目前支持 tms 矢量格式；

● 删除选中图层：选中加载的影像或矢量图层，点击右键选择删除选中图层可将该图层从当前工程中删除；

● 删除当前专题图层：选中某一专题图层，点击右键选择该选项，可删除该专题图层内的所有数据；

● 清空：点击右键选择清空选项，可删除当前工程内所有数据；

● 属性：选中专题土城中的某一数据层，点击右键选择属性，可查看影像的图像基本信息及显示设置。

5）【窗口布局】→【控制点管理视图】

在控制点管理视图中可以进行控制点的添加、删除、导入、导出等操作。

表 1-4　控制点管理视图工具列表

图标	功能	描　述
＋	添加控制点	分别在原始影像及参考影像上用选择控制点工具定位同名点后，选择该按钮将控制点对添加到控制点列表中
✕	删除控制点	在控制点列表中选中一条控制点记录，点击删除控制点按钮则可将该条记录删除
▯	清空全部点	将控制点列表中的全部控制点记录删除
P	预测同名点	当选够 4 个控制点时，在参考影像上选择控制点，点击此按钮可预测该点在原始影像上的位置（当自动预测功能开启时，大于 3 个控制点即可自动预测在原始影像上的位置）；当为已知卫星模型并附带相关参数的原始影像选取控制点时，只需选择正确的卫星模型，设置好参考影像坐标并选择相关参数文件（若相关参数文件如 RPC、轨道参数文件等存放于影像同一目录下，国产陆地卫星图像处理软件可自动读取），则用户可直接通过选择参考影像坐标或在控制点坐标视图中手动输入控制点坐标进行原始影像坐标预测，无需事先选取 4 个控制点
E	更新选中控制点数据	当在控制点坐标视图中修改控制点坐标时，点击更新按钮将修改内容保存至控制点列表
Σ	计算控制点残差	当控制点个数选够 7 个时，可进行残差计算，系统默认 2 次多项式，计算结果显示在工具面板末端的文本框内

续表

图标	功能	描述
	查找当前点	影像漫游状态下，使用该工具按钮可快速定位至当前选中控制点
	编辑控制点坐标	在控制点列表中选中需进行手动编辑的控制点记录，选择该按钮，切换至控制点坐标视图，即可进行坐标修改，修改完毕后需在控制点管理视图中选择更新按钮进行该控制点数据的更新
	导入点	如果有事先保存好的 Titan 格式的控制点文件，可通过此工具将控制点导入至当前工程
	导出点	将当前工程选好的控制点导出为 Titan 格式的控制点文件
	参数设置	点击该按钮，在弹出的对话框内设置控制点的坐标投影，并可设置是否开启控制点自动预测功能，若原始影像为附带参数（如 RPC、RPB）的卫星数据，国产陆地卫星图像处理软件会从同一存储路径下自动读取相关参数，也可手工选择，从而实现坐标预测
	点坐标转换	软件默认原始影像坐标为地理坐标，当导入在其他软件（如 Erdas）中选择的像素坐标文件时，可通过此工具进行转换，点坐标文件的格式需遵循弹出对话框中的描述
UnKnown	卫星模型选择	当进行正射校正时，根据数据源选择对应的卫星模型，软件将根据所选择的卫星模型自动读取所需要的参数文件（如 RPC/RPB 文件）进行相关计算

投影设置对话框参数说明：

●选择：为控制点选择投影信息，国产陆地卫星图像处理软件支持多种常用地理坐标与投影坐标系统，如 WGS84、UTM 投影等，并支持西安 80、北京 54 和 CGCS2000 国家坐标系统；

●导入：国产陆地卫星图像处理软件支持用户将其他影像或矢量文件的投影信息导入给当前控制点或影像；

●新建：当需要定义投影国产陆地卫星图像处理软件中没有预先定义好的投影文件时，用户可以通过定义椭球体、基准面、投影类型等自定义投影文件；

●修改：点击修改当前投影参数；

●清空：删除当前数据的投影定义；

●另存为：将投影定义保存为 .tcf 或 .prj 预定义文件。

6）【窗口布局】→【控制点坐标视图】

表1-5　控制点坐标视图选项列表

选项	功能	描　述
原始图像控制点坐标	显示及修改原始图像控制点坐标	对应控制点列表中的原地理坐标 X、Y，可进行手动修改，并在控制点管理视图中点击 **E** 保存修改；也可手动输入已知原始图像控制点坐标，点击控制点管理视图中的 **+** 增加新的控制点记录
参考图像控制点坐标	显示及修改参考图像控制点坐标	对应控制点列表中的参考地理坐标 X、Y、Z，可进行手动修改，并在控制点管理视图中点击 **E** 保存修改；也可手动输入已知参考图像控制点坐标，点击控制点管理视图中的 **+** 增加新的控制点记录

（4）处理菜单

表1-6　处理菜单命令列表

命　令	功　能
自动匹配	在原始影像和参考影像间自动搜索匹配点
几何多项式校正	执行几何多项式校正
TIN 格网校正	执行 TIN 格网校正
正射校正	对影像数据进行正射校正
接边误差检查	检查相邻影像重叠区域的重合情况

1）【处理】→【自动匹配】

实现原始影像和参考影像间特征点的自动搜索和匹配，辅助几何校正中控制点选取工作，支持地理坐标模式及控制点模式。

自动匹配对话框参数说明：

• 处理模式设定：国产陆地卫星图像处理软件目前支持地理坐标模式与控制点模式。

①地理坐标模式：当两幅影像具有相同地理参考时采用地理坐标模式。

②控制点模式，当两幅影像地理参考不同时，适用控制点模式，即选取 3 个以上控制点，然后进行影像自动匹配。

• 特征提取设定：设置预设提取特征点数，默认为 500，即提取特征点的数目上限，用户可根据需要进行设置；

• 匹配设定：设定最小相关系数，默认为 0.6，减小最小相关系数可增加特征点提取数量；上层最小相关系数越小，控制点提取数量越多；残差剔除阈值默认为 3 个像素，即超过该阈值的特征点将被删除，减小该值的设置可提高特征点提取的精度，但会相应地减少所提取的特征点的数量；

• 匹配点输出设置：选择控制点输出路径，匹配成功的特征点将保存为 . gcp 控制点文件。

2）【处理】→【几何多项式校正】

控制点选取完成后，若控制点残差计算结果满足精度要求，即可采用几何多项式模型进行几何精校正，设置相关参数进行输出。

几何多项式校正输出对话框参数说明：

• 处理范围：国产陆地卫星图像处理软件提供坐标范围定义及图像窗口选取两种处理范围定义方式。

①坐标范围：用户可以选择采用地理坐标或像素坐标来定义影像处理范围，输入左上角和右下角的坐标值即可。

②图像窗口选取：为用户提供交互式选取方法，通过鼠标在视窗内拉框选择处理区域，并可在框内点击进行选择框的移动，为使影像有更好的显示效果以方便用户进行区域选择，国产陆地卫星图像处理软件还在该窗口内提供显示拉伸功能，如线性拉伸、对数增强等。

• 校正方式：选择一次、二次或三次多项式校正方法，提供最邻近元法、双线性插值法、双三次插值法三种重采样方法；

• 波段列表：对于多波段影像，可以选择其中一个或多个波段进行校正输出；

• AOI 设置：当感兴趣区域为不规则区域时，可采用 AOI 进行输出区域的设置或屏蔽，AOI 区域以外可设置保留或填充。

3）【处理】→【TIN 格网校正】

TIN 格网分为三步，生成 TIN 格网、消隐 TIN 格网及 TIN 校正。

4）【处理】→【正射校正】

对影像进行正射校正，支持严格轨道模型、RPC/RPB 模型及通用传感器模型。

正射校正对话框参数说明：

• 传感器类型：国产陆地卫星图像处理软件支持多种传感器模型，包括：

①严格轨道模型：SPOT 数据；

②RPC 模型：IKONOS、GEOEYE、CARTOSAT – 1；

③RPB 模型：QUICKBIRD、WORLDVIEW；

④通用传感器模型：TM、BJ – 1、CEBERS2B。

• 输入输出：包括输入文件所对应的控制点文件、模型参数文件的输入设置及校正结果、控制点残差计算结果的输出设置，若输入影像对应的模型参数文件存储于同一文件夹下，可自动读取模型参数，否则用户可手动浏览；控制点残差计算结果默认存储在输入影像存储目录下，默认文件名为 Error_ Report. txt，用户也可根据需要自行设定文件名与路径。

• 投影定义：包括控制点投影与输出投影设置。

• 数字高程模型：用户可提供高程常值或对应的 DEM 文件，其中 DEM 文件的投影要求与输出投影一致，并且目前国产陆地卫星图像处理软件不支持 DEM 为经纬度坐标。

• 输出设置：设置像元大小及重采样方法。

相关参数设置结束后，点击模型计算进行控制点残差计算，计算结果自动弹出，若符合要求即可点击正射校正进行结果输出。

5）【处理】→【接边误差检查】

对于相邻两景具有相同地理参考的影像，可通过接边误差检查工具检查重叠区域的重合情况。

接边误差检查对话框参数说明：

- 输入影像：分别输入两幅待检查影像，若为多波段影像，还需选择处理波段；
- 误差点报告：误差点对将自动生成控制点文件"接边误差分析.gcp"保存在第一幅影像存储路径下；
- 特征点提取算子：国产陆地卫星图像处理软件提供三种提取算子，分别为Moravec 算子、Forstner 算子及 LY 算子，用户可根据需要选择；
- 意图匹配点个数：超出该数目的点将被删掉；
- 显示点对像素误差：国产陆地卫星图像处理软件将计算特征点对的误差，超过该误差值的点对将被记录到误差点文件中。

点击确定后开始进行特征点提取及点对误差计算，并将符合要求的误差点对进行输出，用户可在几何配准模块中进行查看。

2. 工具栏介绍

表 1-7　工具栏命令列表

图标	功能	描　述
	拉框显示	影像分三级视窗显示，可通过调整拉框位置及大小改变影像显示范围及大小，拉框显示功能只限于在全局视窗及局部视窗中使用
	漫游	通过在视图内拖拽实现对影像的漫游浏览
	选择控制点	在影像特征点位置单击进行控制点选择
	1:1 显示	按影像的实际像元大小显示
	中心缩小	以当前视图中心为基准进行缩小操作
	中心放大	以当前视图中心为基准进行放大操作
	透明度	当前视窗内有多个图层叠加时，选择透明度功能，通过工具条上滑块的移动可设置最上层图层的透明度，实现与下层图层的对比显示
	卷帘显示	当前视窗内有多个图层叠加时，选能卷帘功能，通过工具条上滑块的移动可控制最上层图层的水平、垂直方向的显示范围，与下层图层形成对比

65

图标	功能	描　述
	闪烁	当前视窗内有多个图层叠加时，选能闪烁功能，可以实现最上层图层与下层图层的交替闪烁显示，移动工具条上的滑块可控制交替显示的速度
	影像增强	包括线性增强、对数增强、均方根就增强、直方图均衡、高斯增强、标准差增强，重置选项可将增强后影像恢复为初始状态
	距离测量	点击鼠标在影像上进行距离测量
	面积测量	点击鼠标在影像上进行面积测量
	标准窗口	在用户界面显示图层管理视图、原始影像与参考影像三级窗口显示视图、控制点管理与控制点坐标视图，适用于添加影像及使用参考影像进行控制点选取
	全屏显示	在用户界面只显示原始影像与参考影像三级窗口显示视图，方便进行影像校正结果对比
	原始影像窗口	显示图层管理视图、原始影像三级窗口显示视图、控制点管理及控制点坐标视图，适用于手动输入控制点及导入已有控制点文件

（三）应用案例

1. 几何多项式校正

几何校正流程可参见图 11 国产陆地卫星图像处理软件几何校正流程图。

第一步：加载影像

选中原始影像图层，右键单击加载原始影像 C：\ Program Files \ OTitan \ TitanImage70 \

SampleData \ 几何多项式校正 \ 10m. tmg；

选中参考影像图层，右键单击添加参考影像 C： \ Program Files \ OTitan \ TitanImage70 \

SampleData \ 几何多项式校正 \ 2m. tmg。

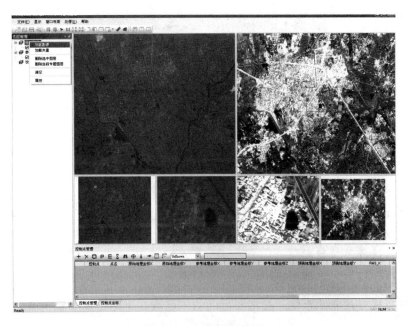

图 1-2 添加原始影像

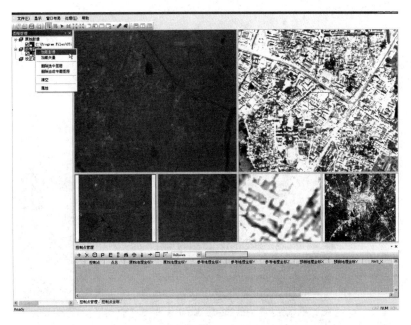

图 1-3 添加参考影像

第二步：开启自动预测功能

点击 参数设置按钮，勾选"大于 4 个控制点时自动预测"，即可开启自动预测功能后，当控制点大于 4 个时可根据参考图像坐标自动预测原始图像的坐标。

图 1-4 设置控制点投影参数

注：几何多项式校正结果的投影默认与参考影像投影一致，若是手动输入控制点，用户可在校正结束后自行定义投影。

第三步：选择添加控制点

几何配准模块采用三视窗显示模式：全局视图、局部视图及放大视图，通过拉框显示或漫游的方式寻找原始影像与参考影像间的同名点，将影像定位到特征点后点选 ▶ 在影像上标注控制点，点击 ＋ 添加控制点。

第四步：修改控制点

当需要修改控制点位置时，选中需要修改的控制点记录，选择 ▶ 按钮，在新的特征点位置点击，然后在控制点管理视图中选择 Ｅ 更新控制点坐标。

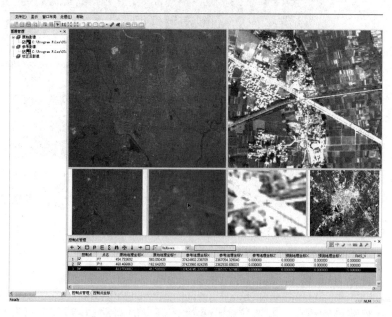

图 1-5 控制点选取

注：选取控制点时注意要分布均匀，在边缘及角点尽量有控制点分布，选取道路交叉点、房屋角点等不易发生变动的点作为控制点，以保证控制点选取的精度。

第五步：坐标预测

当控制点个数超过 4 个时，如果自动预测功能开启，则可由参考影像坐标自动预测原始影像坐标，方便控制点选取。若自动预测功能没有开启，可通过点击 **P** 按钮手动预测。

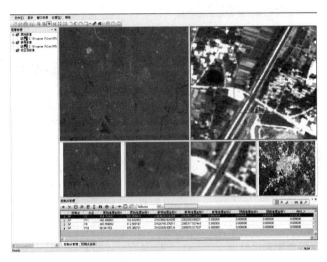

图 1-6 控制点坐标预测

注：对于已知卫星模型的影像数据，在控制点管理对话框中选择适当的卫星模型，设置控制点投影并选择该模型对应的参数如 RPC 等，则可直接在参考影像上选择特征点并点击 **P** 预测该点在原始影像的位置，无需先选取 4 个控制点。

第六步：误差计算

控制点个数大于 6 个时，即可点击 **Σ** 进行误差计算。控制点选取完毕后，进行误差计算，可在控制点列表中点击右键对控制点按照一定规则进行排序，调整或删除误差较大的点，直到误差值满足精度要求。

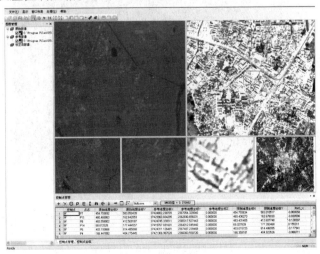

图 1-7 误差计算

注：对于误差较大不适合作为控制点的同名点，可取消控制点列表中控制点列的选中状态，则该点转为检查点不参与误差计算及校正过程。

第七步：校正输出设置

【处理】→【几何多项式校正】进行校正输出，设置相关输出参数如下：

图 1-8　校正输出设置　　　　　　　　图 1-9　输出文件设置

点击确定执行几何多项式校正。

注：【输出文件设置】-【地理分辨率】设定时，如果几何配准过程中原始影像与参考影像均为像素坐标，则输出的地理分辨率为原始影像和参考影像分辨率之间比值，例如原始影像是 10 米分辨率，参考影像是 2.5 米分辨率，那么此处输出应该设置为 4。

第八步：输出校正结果

校正后结果将自动加载到当前工程，可通过闪烁、卷帘等工具检查校正结果。

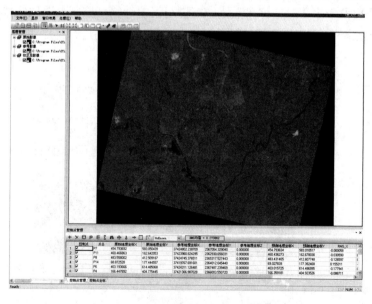

图 1-10　校正结果自动加载

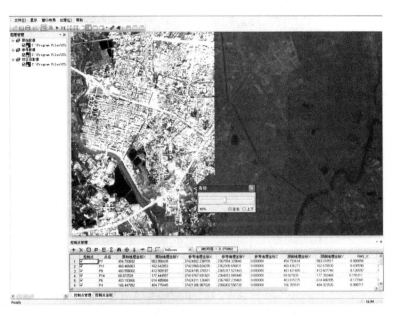

图 1 - 11　通过卷帘功能对比校正效果

第九步：保存工程

保存当前工程为几何多项式校正 . irw 文件，方便进行相关修改。

第十步：自动匹配

当手动选取控制点存在一定困难时，可考虑使用自动匹配的方法辅助选取控制点。

【处理】→【自动匹配】启动自动匹配功能，选择提取特征点参考影像。

71

图 1 - 12　选择参考影像

　　本例中原始影像与参考影像地理参考不同，因此要选择控制点模式，先选择 4 个控制点，然后执行自动匹配。

　　考虑本例中所用数据范围较小，为保证能提取到足够的控制点，修改最小相关系数为 0.6，上层最小相关系数为 0.6，其他参数使用默认设置，匹配结果输出为自动匹配 . gcp 文件。

图 1 – 13　自动匹配

点击确定执行自动匹配：

图 1 – 14　自动匹配成功

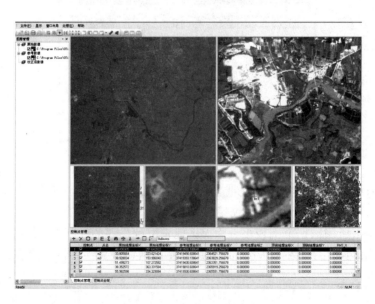

图 1 – 15　自动匹配结果

自动匹配结果将自动加载到当前工程，用户可删除误差较大的点，用符合要求的点进行几何校正工作。

二、影像镶嵌模块

（一）简介

1. 主要功能

影像镶嵌处理是要将具有地理参考的若干相邻图像合并成一幅图像或一组图像，需要拼接的输入图像必须含有地图投影信息，或者说输入图像必须经过几何校正处理或进行过校正标定。输入图像可以具有不同的空间分辨率、数据类型，但是必须具有相同的投影类型和波段数。

国产陆地卫星图像处理软件影像镶嵌模块具有清新简捷的操作界面、丰富的图像显示设置、方便的切割线编辑、智能的羽化处理和自动的颜色调整等功能。这些功能使得镶嵌操作更加简捷，影像镶嵌质量更高。

（二）界面介绍

点击国产陆地卫星图像处理软件主模块上的 ![按钮] 按钮，启动影像镶嵌模块：

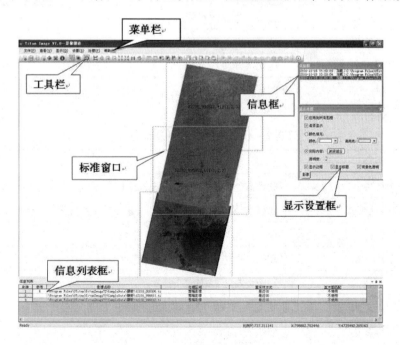

图 2-1　影像镶嵌模块界面

表 2 - 1　图像镶嵌界面窗口组成及功能

视图	功 能
标准窗口	影像以标准窗口显示
菜单栏	子菜单的各项功能在菜单简介中有详细说明。
工具栏	包括 7 个工具条，具体功能在下文中详细介绍。
信息框	详细记载图像镶嵌的操作信息
显示设置框	设置影像的显示参数
信息列表框	显示镶嵌影像的设置信息

1. 菜单介绍

（1）文件菜单

表 2 - 2　文件菜单命令及功能

命令	功 能
打开项目	打开一个已存在的 .iwf 项目文件
保存项目	保存当前项目文件
项目另存为	把项目文件另存
关闭项目	关闭当前项目文件
加载影像	加载一幅遥感影像
删除影像	卸载一幅遥感影像
退出	退出界面

（2）显示菜单

表 2 - 3　显示菜单命令及其功能

命令	功 能
图层模式	此模式下可对单个影像进行操作和设置
重叠区模式	此模式下可对影像重叠部分进行操作和设置
选择	选择要操作的对象
全图显示	在视图区内显示整幅图像范围
1∶1 显示	影像以标准视图大小显示
拉框放大	放大所选择影像区域
拉框缩小	缩小所选择影像区域
中心放大	影像以当前视图为中心执行放大操作
中心缩小	影像以当前视图为中心执行缩小操作

续表

命　令	功　能
漫游	在视图区，拖动图层，执行漫游操作
刷新	视图区刷新显示
图层置顶	所选中图像置于最上层
图层上移	所选中图像上移一层
图层置底	所选中图像置于最底层
图层下移	所选中图像下移一层
图层反序	所有图层次序颠倒

（3）设置菜单

表 2-4　设置菜单命令及其功能

命　令		功　能
输入选项	基础设置	设置采样方法、无效阀值以及应用图层范围
	通道设置	分别设置需要输入图像的三个波段
	处理区域设置	选择图像处理区域及应用图层范围
颜色选择	直方图调整	设置直方图调整参数
重叠区设置	处理方式	选择处理方式（有或无切割线）及应用范围
	切割线编辑	对切割线进行编辑
输出设置		设置输出影像参数

2. 工具栏面板介绍

包括标准工具条、图层工具条、图层模式附属工具条、重叠区模式附属工具条等 4 部分组成。以下是 4 种工具条的详细介绍：

（1）标准工具条图标及其功能

表 2-5　标准工具条图标及其功能

图标	功　能	描　述
	打开项目	打开一个已存在的 .iwf 项目文件
	保存项目	保存当前项目文件 .iwf 格式
	项目另存为	把项目文件另存
	关闭项目	关闭当前项目文件
	添加影像	加载一幅遥感影像
	删除影像	卸载一幅遥感影像
	说明	关于图像镶嵌的说明

（2）图层工具条图标及其功能

表 2 - 6　图层工具条图标及其功能

图标	功　能	描　述
	图层模式	此模式下可对单个影像进行操作和设置
	重叠区模式	此模式下可对影像重叠部分进行操作和设置
	选择	选择要操作的对象
	全图显示	在视图区内显示整幅图像范围
	漫游	在视图区，拖动图层，执行漫游操作
	拉框放大	放大所选择影像区域
	拉框缩小	缩小所选择影像区域
	中心放大	影像以当前视图为中心执行放大操作
	中心缩小	影像以当前视图为中心执行缩小操作
	图像 1:1 显示	影像以标准视图大小显示
	刷新	视图区刷新显示

（3）图层模式附属工具条及其功能

表 2 - 7　图层模式附属工具条及其功能

图标	功　能	描　述
	基础设置	设置采样方法、无效阀值以及应用图层范围
	输入通道设置	分别设置需要输入图像的三个波段
	处理区域设置	选择图像处理区域及应用图层范围
	重叠区处理方式设置	选择处理方式（有或无切割线）及应用范围
	输出设置	设置输出影像参数
	直方图匹配设置	设置直方图调整参数
	图层置顶	所选中图像置于最上层
	图层上移	所选中图像上移一层
	图层置底	所选中图像置于最底层
	图层下移	所选中图像下移一层
	图层反序	所有图层次序颠倒

（4）重叠区模式附属工具条及其功能/切割线编辑

表2-8 重叠区模式附属工具条及其功能

图标	功 能
	下一个重叠区
	上一个重叠区
	编辑切割线
	绘制切割线
	添加节点
	删除节点
	删除切割线
	自动切割线
	保存编辑

(三) 应用案例

影像镶嵌操作一般流程如下图所示:

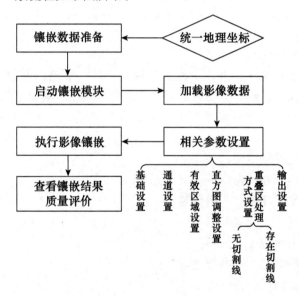

图2-2 影像镶嵌流程图

第1步:镶嵌数据准备

在镶嵌之前,将所有参加镶嵌的图像校正到统一的坐标系中去,可在国产陆地卫星图像处理软件几何配准模块中实现。图像镶嵌处理是要将具有相同地理参考的若干相邻图像合并成一幅图像或一组图像,需要镶嵌的输入图像必须含有地图投影信息,或者说输入图像必须经过几何校正处理。

第2步:启动镶嵌模块

启动影像镶嵌模块的方法如下。

方法一：选择【开始】→【所有程序】→【国产陆地卫星图像处理软件 V7.0】→【国产陆地卫星图像处理软件影像镶嵌】，弹出影像镶嵌主界面。

方法二：双击【国产陆地卫星图像处理软件 V7.0】图标→【图像镶嵌】模块，弹出影像镶嵌主界面。

第 3 步：加载影像数据

（1）在影像镶嵌窗口执行【文件】→【加载影像】命令或点击添加影像图标

，弹出【打开】对话框，找到要加载的数据选中后点【确定】。

这里我们加载三幅 .tif 格式的影像数据。点击图标，加载影像。

C：\ Program Files \ OTitan \ TitanImage70 \ SampleData \ 镶嵌 \ 12231_ 990811. tif

C：\ Program Files \ OTitan \ TitanImage70 \ SampleData \ 镶嵌 \ 12232_ 990812. tif

C：\ Program Files \ OTitan \ TitanImage70 \ SampleData \ 镶嵌 \ 12233_ 000306. tif

注：该模块可以直接操作多种遥感影像数据格式，包括 tif、tiff、jpg、bmp、raw、pix、img、lan、tmg 等，不能直接载入的影像数据，可以通过国产陆地卫星处理软件软件影像工具箱中提供的数据导入导出功能进行格式转换后载入。

（2）影像打开后的效果，并没有显示影像的内容，而是以颜色填充，颜色填充模式有利于提高显示速度，将影像快速定位，显示参与镶嵌影像的范围、重叠区域和位置关系。窗口右侧【显示设置】对话框中选择【实际内容】，可以查看输入影像的实际内容。

显示设置对话框参数说明：

- 是否显示：是否在视窗内显示；
- 颜色填充：是否需要进行颜色填充；
- 实际内容：是否显示实际影像；
- 颜色：图层未被选中时的颜色；
- 高亮色：图层被选中时的颜色显示；
- 透明度：设置图层的透明度；
- 显示边框：是否显示图像边框；
- 显示标题：是否显示图像标题。

注：

①国产陆地卫星图像处理软件支持多种图层显示设置，包括图层模式与重叠区模式切换、图层的背景透明、图层透明、波段组合等。

②对目标影像进行显示设置时，应当先选中目标影像，然后再对影像参数进行设置。

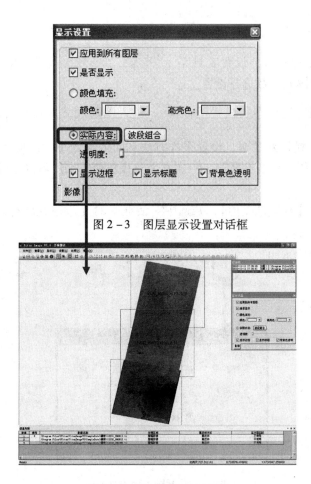

图 2-3　图层显示设置对话框

图 2-4　实际影像显示模式

点击图标█进入重叠区模式，图 2-5 为重叠区模式显示图例。

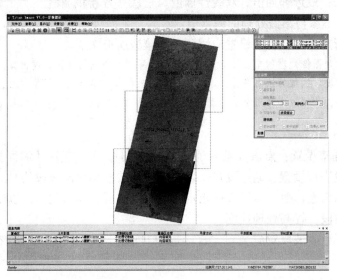

图 2-5　重叠区模式显示

第4步：图层参数

输入影像后工具栏中的设置工具条  被激活为可用状态，我们可依次对影像镶嵌参数进行设置。

（1）基础设置：选中图层模式图标，进入图层模式。点击【基础设置】图标打开【基础设置】对话框，设置采样方法和无效值大小。该模块提供的采样方法有三种：最近邻插值、双线性插值、三次立方卷积插值。用户可以根据实际作业需求进行选择。

这里我们选择【双线性差值】，并选中对话框中的【应用到所有图层】，点击【应用】。

图 2－6　基础设置对话框

基础设置对话框参数说明：
- 采样方法：最近邻插值，双线性插值，三次立方卷积插值。
- 无效值：不参与镶嵌处理的像素值。
- 应用到所有图层：将该设置应用到参与镶嵌所有图层。

注：图像插值是图像处理的重要环节，不同的插值算法有不同的精度，插值算法的好坏也直接影响着图像的失真程度。插值算法有多种，该模块提供的三种算法最常用的插值方法，用户应根据实际作业需求进行选择，兼顾效率和质量。三种不同插值方法的优劣性以及适用性比较详见影像工具箱模块。

（2）输入通道设置：点击【输入通道设置】图标打开【波段选择】对话框，在此对输入波段进行设置，通过设置可以改变输入波段与输出波段的对应关系。结合输出设置中改变输出通道数，可以选择指定的波段及波段数作为输出，以便在处理时忽略不需要输出的波段，提高处理速度。

这里我们不更改波段对应关系，直接选中对话框中的【应用到所有图层】并点击【应用】。

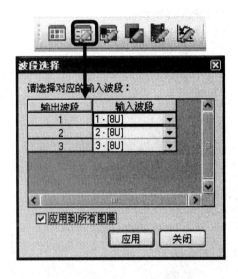

图 2 - 7　通道设置对话框

（3）处理区域设置：点击【处理区域设置】图标 打开【处理区域设置】对话框，这里可以选择影像处理区域，该模块提供了四种不同的处理区域设置，分别是【使用整个图像】、【按比例裁剪数据】、【计算有效区域】、【AOI 得到输入区域】（图 2 - 8）。

这里由于影像存在大量无效值，我们选择【计算有效区域】，并选择【应用到所有图层】然后点击【应用】。

图 2 - 8　处理区域设置对话框

处理区域设置对话框参数说明：

● 使用整个图像：图像全部区域设置为镶嵌区域。适用于无背景值填充的影像，如航片等。

● 按比例裁剪数据：将加载的影像按宽高比例，矩形裁切，将剩余的部分设置为镶嵌区域。适用于参与镶嵌区域比较规则的情况。

• 计算有效区域：保留输入影像的有效区域参与镶嵌处理。适用于一般航空卫片影像，提供多种边界自动搜索方式。

• AOI 得到输入区域：用一个 AOI 模板设定多个图像的镶嵌边界。适用于感兴趣区域镶嵌，人工选定范围，这样既省去了得到镶嵌结果后二次裁剪的工作，又提高了镶嵌处理速度。

图 2 - 9　有效区计算设置对话框

有效区计算设置对话框参数说明：

• 搜索通道：指定在某一个通道上进行有效区域搜索。

• 背景值范围：在指定的影像通道上，凡像素值在设定的背景值范围之内的像素均被认为是无效区域。

• 边界搜索类型：①简单边界搜索：快速的简易边界搜索，适用于实际区域为凸多边形的情况。②搜索全部边界：较为耗时却精确的边界搜索。适用于实际区域复杂多边形、凹多边形和凸多边形。

（1）直方图匹配设置：点击【直方图匹配设置】图标 打开【直方图匹配】对话框，如果参与镶嵌的几幅影像在色彩上存在较大差异，我们可以在这里进行适当的设置，用某幅影像的直方图作为参考对其他影像进行直方图匹配以减小色彩差异平衡色差，使镶嵌后的影像整体色彩差异不致过大，以达到较好的视觉效果（图 2 - 10）。

这里我们选择"12232_ 990812"作为直方图匹配的参考影像，可在窗口中点击选择或在影像下方的信息列表中选择，选择【应用到所有图层】，点击【应用】。

直方图匹配设置对话框参数说明：

• 直方图统计区域：提供了"图像处理区域"和"重叠区"两种选择。"图像处理区域"表示只统计用户在"处理区域设置"中设置的处理范围以内的直方图；"重叠区"表示只统计重叠区域内的直方图；

• 直方图匹配方法：该模块提供逐通道的直方图匹配方法；

图 2-10　直方图匹配设置对话框

● 使用外部参考：即输入外部影像作为直方图来源；

● 影像文件：使用外部影像的直方图；

● 自定义参数：用户自定义正态直方图，在"自定义参数"部分为每个通道输入均值和标准差，生成正态直方图。

直方图匹配设置是可选项，在默认情况下，不使用直方图匹配。

在设置完【直方图匹配】后系统会马上执行直方图匹配的操作，并将匹配后结果显示在窗口中。

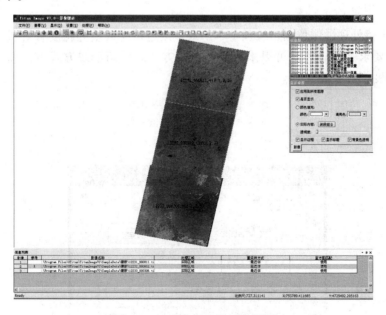

图 2-11　直方图匹配结果视图

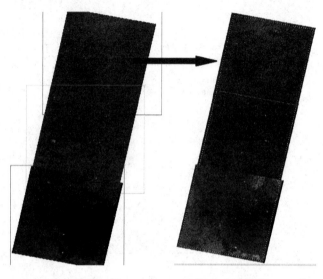

(a) 匹配前影像   (b) 匹配后影像

图 2 – 12　直方图匹配效果对比图

注：直方图匹配是将某一图像直方图以标准图像的直方图为标准作变换，使两幅图像的直方图相同和近似，从而使两幅图像具有类似的色调和反差。

（5）重叠区处理方式设置：点击【重叠处理方式设置】图标 打开【重叠处理方式】对话框，选择重叠区处理方式，该模块提供了两种选择方式【无切割线】和【存在切割线】。用户可以结合待处理影像的相关信息以及实际工作的需求对两种方式进行选择。

1）如果待处理影像色调，纹理基本一致，接边精度或重叠精度较好或者实际工作对处理结果要求不高时用户可以采用无切割线方式。无切割线方式方法简单，速度较快，但是精度相对较低。

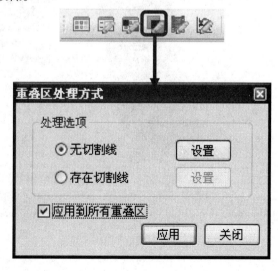

图 2 – 13　重叠区处理设置对话框

打开【重叠区处理方式】对话框，选择【无切割线】，并点击右侧的【设置】按钮，打开【无切割线处理设置】对话框，设置重叠区处理选项，选择后点击【确定】，回到【重叠处理方式】对话框，选中【应用到所有重叠区】点击【应用】。

图 2 – 14　无切割线处理设置对话框

　　重叠区处理方式对话框参数说明：

　　● 无切割线：镶嵌重叠区处理过程中不使用切割线处理，而是进行重叠区域覆盖或区域羽化等方法进行重叠区影像拼接。

　　● 存在切割线：在镶嵌处理过程中使用切割线对重叠区进行划分，并根据用户设置进行相关的对切割线周围进行羽化或平滑处理。

　　● 应用到所有重叠区：将处理方式设置应用到所有的重叠区域。

　　无切割线处理设置对话框参数说明：

　　● 上层覆盖：重叠区上层影像覆盖下层影像。

　　● 取上下层均值：选取重叠区像元灰度计算均值进行镶嵌处理。

　　● 取上下层最小值：选取重叠区像元灰度的最小值进行镶嵌处理。

　　● 取上下层最大值：选取重叠区像元灰度的最大值进行镶嵌处理。

　　● 区域羽化：选取重叠区域各影像上像元灰度以不同全值参与镶嵌处理，以使接边处自然衔接，均匀过渡。

　　2）如果待处理影像色调，纹理有一定差别，接边精度不高时，用户可以采用存在切割线方式。一般情况下，为了提高镶嵌处理的精度，我们采用存在切割线方式。

　　a. 打开【重叠区处理方式】对话框，选择【存在切割线】，并点击右侧的【设置】按钮，打开【切割线处理设置】对话框，设置是否使用平滑处理或羽化处理，选择后点击【确定】，回到【重叠处理方式】对话框，选中【应用到所有重叠区】点击【应用】；

85

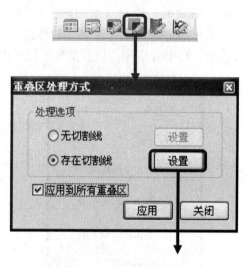

图 2 – 15　重叠区处理设置对话框

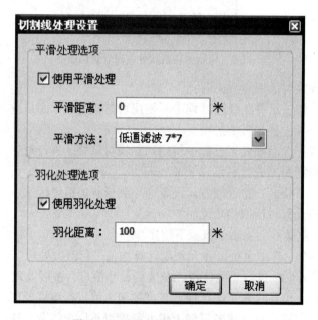

图 2 – 16　切割线处理设置对话框

切割线处理设置对话框参数说明：

●平滑处理选项：目的之一是消除噪声，其二是模糊图像。该选项提供了三种平滑方法，分别是【低通滤波 3 * 3】、【低通滤波 5 * 5】、【低通滤波 7 * 7】，用户应根据影像地貌类型以及影像分辨率选择合适平滑算子。

●羽化处理选项：设定羽化处理距离，即设定切割线两边多长距离内作羽化处理。羽化处理能够使两片镶嵌影像在拼接线处平滑过渡。

b. 切割线绘制

➢ 点击工具栏 中的【重叠区模式】

图标 ■ 激活重叠区模式，选中第一个或第二个重叠区，被选中的区域边框变为黄色，

这时工具栏 ▦▦▦▦▦▦▦▦▦▦▦▦ 中的【绘制切割线】图标

▦ 和【自动切割线】图标 ▦ 被激活为可用状态；

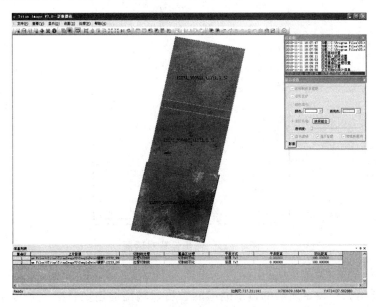

图 2 - 17　选中重叠区视图

➢ 我们选择【自动切割线】，系统会在被选中的重叠区域绘制出一条切割线，这时

【保存编辑】图标 ▦ 被激活为可用，在进行下一步操作之前必须对切割线进行保存或
选择放弃，对切割线进行检查和编辑后点击【保存编辑】，然后选中下一个重叠区域用
同样的方法让系统自动绘制切割线并对其进行检查、编辑和保存。

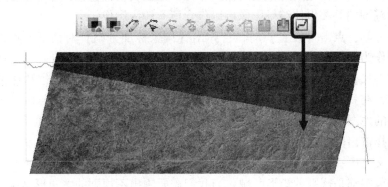

图 2 - 18　切割线视图

第 1 步：输出参数设置

点击【输出设置】图标 ▦ 打开【输出设置】对话框，可以对镶嵌输出结果影像
的通道数、数据类型、分辨率和输出范围进行设置。

87

这里由于对输出影像没有特殊要求，我们采用默认设置直接点击【应用】。

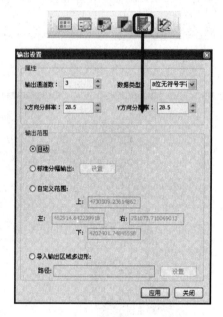

图 2 - 19 输出设置对话框

输出设置对话框参数说明：

• 输出通道数：设定所需的输出通道的数目，输出通道数目必须是大于 0 的整数，并且必须小于或等于所有输入影像最大的通道数目。

• 数据类型：设定输出影像的数据类型。

• X 方向分辨率：设定每个像元 X 方向对应的地面距离。

• Y 方向分辨率：设定每个像元 Y 方向对应的地面距离。

• 输出范围：设定输出影像的范围。

• 自动：系统会根绝参与镶嵌的输入影像的范围自动计算输出影像的范围，一般是取输入影像范围的并集以使结果影像可以包含所有输入影像。

• 标准分幅：点击【设置】时，会弹出【国家标准分幅】对话框，用以选择合适的图幅范围作为输出影像的范围，在【标准分幅—比例】项中我们可以选择图幅比例尺，选择比例尺】后【待选图幅】中就会列出跟当前参与镶嵌影像位置接近的图幅作为待选图幅，在我们点击【待选图幅】中的地图图幅时，系统会在影像显示区域用虚框表示相应的地图范围，根据参与镶嵌影像的范围与标准图幅的位置关系，我们可以方便快捷的选择输出范围。

• 自定义范围：用于通过精确输入地理范围确定输出影像范围；以上三种方式设定的输出影像范围都是规则的矩形区域，当我们需要输出不规则的多边形结果影像时，可以选择【导入输出区域多边形】的方式，但是这需要我们提前勾画出多边形区域并保存为文件以在此处选择。

该模块还提供的国家基本比例尺标准分幅输出，用户可以根据实际工作需求进行选择。

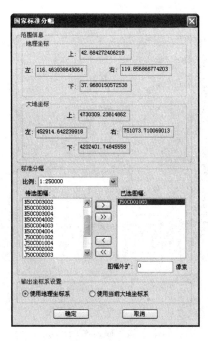

图 2 – 20 国家标准分幅设置对话框

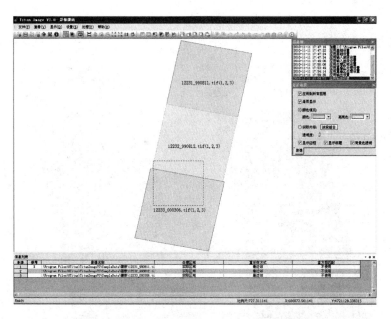

图 2 – 21 国家标准分幅视图

第 2 步：执行影像镶嵌

（1）切割线绘制完成后就可以执行影像镶嵌了，点击工具栏中【执行镶嵌】图标

系统会首先弹出让选择保存镶嵌结果路径的对话框，选择好后系统就开始进行镶嵌处理的运算；

（2）在系统进行镶嵌运算时窗口上会出现显示当前处理状态的进度条，窗口最下方也会有显示整体状态的进度条，待该进度条消失后说明处理工作完成。

图 2 – 22　执行镶嵌视图

第 3 步：查看镶嵌结果

镶嵌结果按用户指定的路径被保存在电脑中，用户可以打开查看，以下是本次镶嵌试验的结果与原图对比。

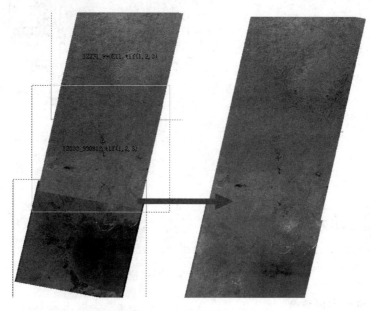

图 2 – 23　镶嵌结果对比图

三、面向对象分类模块

（一）简介

1. 主要功能

面向对象分类是基于对象的遥感分析模块，图像分析的基本处理单元不是单个像素，而是影像分割后提取的影像对象。相对于单个像素，均质的影像对象提供的除光谱特征外，还有形状、纹理等特征信息。利用这些信息，可使地物目标分类识别更加详细、准确，克服了传统的基于像素的分类模式将像元孤立化分析、解译精度较低且斑点噪声难以消除的不足。下图为基于像素的影像分类结果与基于对象的影像分类结果的比较图。

图 3 - 1　基于像素的影像分类结果　　　图 3 - 2　基于对象的影像分类结果

（1）多尺度分割

多尺度分割是对影像对象提取的一个专利技术。它可以以不同尺度、高质量的提取影像对象（粗和细的级别）。这种技术适合具有纹理信息的影像，例如 SAR、高分辨率卫星影像或者航空数据。它适合于根据特定的任务从影像数据中提取有意义的原始数据对象。多尺度分割是从一个像素的对象开始进行一个自下而上的区域合并技术，小的影像对象可以合并到稍大的对象中去。

（2）对象特征

用于面向对象分类的对象特征包括：光谱特征、形状特征、纹理特征。执行完多尺度分割生成影像对象同质图后，特征列表和对象特征值列表即被激活。特征列表是一个非常强大的工具，用来发现区分不同影像对象类的特征。双击选定特征或在选定特征上右击选取【查看对象特征信息】可以使每个对象按照特征进行灰度赋值并在视图窗口显示。

下面对特征列表里的各项特征进行一个简单的介绍。

1）光谱特征

①均值

• 亮度

计算在选择通道内，对象像素均值的均值。

• 最大层间差异

计算对象在任意两个通道的均值差，并得到最大差值，以最大差值除以亮度值即为最大层间差异。

• Layer 0，1，2，…，k

通道 0，1，…，k 的对象均值。

②标准差

通道 0，1，…，k 的对象标准差。

③像素

• 比值

通道的比率反映了通道对总亮度值的贡献度。需根据通道值创建新的"比值"。

• 最小像素值

需根据通道值创建新的"最小像素值"。

• 最大像素值

需根据通道值创建新的"最大像素值"。

• 与邻域反差

以距离 d 向外扩展当前对象的最小外接矩形边界，计算扩展范围内剔除对象内点后，点的均值。需根据通道值创建新的"与邻域反差"。

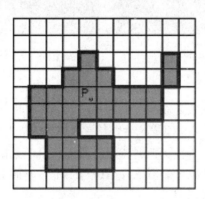

• 与邻域标准差

以距离 d 向外扩展当前对象的最小外接矩形边界，计算扩展范围内剔除对象内点后点的标准方差。需根据通道值创建新的"与邻域标准差"。

④与当前层关系

• 与当前层均值差

影像对象与当前层均值的差值。需根据通道值创建新的"与当前层均值差"。

• 与当前层比值

当前层均值与影像对象的比值。需根据通道值创建新的"与当前层比值"。

⑤HIS 变换

把当前的 RGB 影像进行 HIS 变换。需根据通道值创建新的"HIS 变换"。

2）形状特征

①常用

● 面积

对于没有地理参考的图像，为对象内像元数目；有地理参考的图像，为对象覆盖的真实面积。

● 边界指数

即为边界长度与最小外接矩形周长比（$\frac{b_v}{2(l_v+w_v)}$），其中，b_v 为影像对象的边界长，l_v 为影像对象的长，w_v 为影像对象的宽。

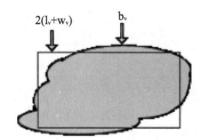

● 边界长度

一个影像对象的边界长度定义为其与其他相邻影像的共有边界长或者整幅影像的边界长。在没有地理参考的影像中，一个像素的边界长定义为 1。

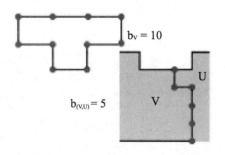

● 紧致度

影像对象的紧致度为对象的长与宽之积与像素总数量的比值。

● 密度

● 长

定义为像素总数量与最小外接矩形的长宽比之积的平方根。

● 长/宽

通过最小外界矩形近似求得。

● 形状指数

形状指数定义为影像边界长与 4 倍的影像区域的平方根（$\frac{b_v}{4\sqrt{\#p_v}}$）。

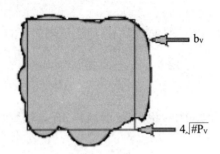

- 宽

②位置

- 与图像边界距离

与影像最近边界的距离。

- X 中心

影像对象的 X 中心（重心，即 X 方向的均值）。

- 距左边界距离（X）

与影像左边界的水平距离。

- 距右边界距离（X）

与影像右边界的水平距离。

- X 距离最小

- X 距离最大

- Y 中心

影像对象的 Y 中心（重心，即 Y 方向的均值）。

- 距上边界距离（Y）

与影像上边界的垂直距离。

- 距下边界距离（Y）

与影像上边界的垂直距离。

- Y 距离最小

- Y 距离最大

3）纹理特征

纹理特征最重要的分析方法即基于灰度共生矩阵（Gray Level Co - occurrence Matrix，GLCM）。GLCM 描述了图像中，在 θ 方向上距离为 d 的一对分别具有灰度 i 和 j 的像素出现的概率。假定待研究的纹理区域是矩形的，其在水平方向有 N_x 个分辨率，在垂直方向有 N_y 个分辨率，图像的灰度级为 N。$L_x = \{0, 1, 2, \cdots, N_x - 1\}$，$L_y = \{0, 1, 2, \cdots, N_y - 1\}$ 分别为水平和垂直空间域。灰度为 i 和 j 的一对像素点位置方向为 θ，距离为 d 的概率记为 $p_{i,j}(d, \theta)$。

（3）规则分类

规则分类主要依据为建立隶属度函数，隶属度函数可以精确定义对象属于某一类的标准。该分类方法首先对待分类图像创建一个类别层次结构，为每一个类别选择一些样本对象，然后通过选择参与分类的特征，依据样本的特征值计算得到符合高斯分布的样本特征值隶属度函数曲线。系统默认的初始化函数模型为高斯模型，用户也可以选择如下表的其他函数模型。

表 3 - 1　初始化函数模型

函数斜率	说　　明	函数斜率	说　　明
⌐	布尔大于	⌐	布尔小于
∧	线性范围（取反）	∨	线性范围
⊥	单值	⊓	全范围
／	线性大于	＼	线性小于
∫	大于	＼	小于

　　隶属度函数是一个以［0…1］同一范围来表达任意特征范围的简单方法。在评估完形成每个类的每个特征后，会由隶属度函数返回一个在0和1之间的隶属度值。这些值可以通过逻辑运算符组合起来进行类赋值的计算。隶属度函数提供了组合不同维数不同范围值的可能性。隶属度函数易于对每个特征进行编辑和调整，它提供了特征值和类隶属度之间非常透明的关系。

　　（4）决策树分类

　　决策树分类是一种多级分类方法，它由一系列二叉决策树构成，用于将对象归属到相应的类别。每个决策树依据一些规则将图像中的对象分为两类。每一个新生成的类别又可以根据其他的规则继续向下分类。决策树的结果为不同的类别。

95

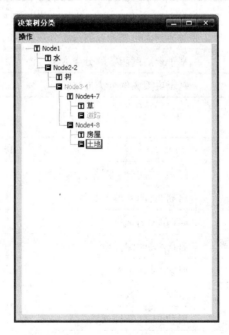

图 3 - 3　决策树

2. 数据约束

功　　能	数据约束
加载图像数据	影像数据类型为8U，影像数据为高分辨率数据

（二）界面介绍

1. 菜单栏介绍

（1）文件菜单

命　　令		功　　能
加载	常用图像数据	加载一副待分类的常用图像数据。国产陆地卫星图像处理软件面向对象分类模块加载图像数据支持的文件类型包括国产陆地卫星图像处理软件文件（＊.tmg）、BMP（＊.bmp）、RAW（＊.raw）、PCI Pix（＊.pix）、Erdas 8.x（＊.img）、Erdas 7.x（＊.lan）、TIFF（＊.tif）、JPEG（＊.jpg）
	矢量数据	加载一副矢量数据。支持格式为＊.tms
	退出	退出面向对象分类模块

（2）面向对象分类菜单

命　　令	功　　能
多尺度分割	对待分类影像进行多尺度分割，生成影像的同质图
规则分类	基于隶属度函数的分类方法
决策树分类	基于决策树的分类方法

（3）视图菜单

命　　令	功　　能
分类图像显示工具栏	启动/关闭分类图像显示工具栏
漫游工具栏	启动/关闭漫游工具栏
选择工具栏	启动/关闭选择工具栏
图像增强工具栏	启动/关闭图像增强工具栏
地图列表	启动/关闭地图列表
数据列表	启动/关闭数据列表
特征列表	启动/关闭特征列表
对象特征列表	启动/关闭对象特征列表

（4）关于菜单

关于国产陆地卫星图像处理软件 V7.0 面向对象分类模块版本，版权。

3. 工具栏面板介绍

（1）快捷工具栏

图标	功　能	图标	功　能
	显示特征统计信息		色调调整
	显示选择对象边界		影像增强，包括线性增强、对数增强、均方根增强、直方图均衡、高斯增强、标准差增强
	选择训练样区		显示重置
			透明度显示
	全图显示		卷帘显示
	拉框放大		点选
	拉框缩小		线选
	中心缩小		矩形框选
	中心放大		画椭圆选
	图像 1:1 显示		多边形选
	平移		选择屏幕
	对比度调整		取消选择
	亮度调整		属性信息查询
	饱和度调整		

（2）地图列表视图

在地图列表视图右击可进行加载数据、删除图层、删除所有图层、把图层缩放到整层、缩放到本层选择集、打开矢量数据属性表、查看数据属性信息等操作。

（3）数据列表视图

数据列表视图可以查看加载数据的类型、路径等。

（4）特征列表视图

特征列表视图包含了对象常用的一些特征，查看对象特征信息可参考以下步骤：

1）在特征列表中选中某一感兴趣特征，单击右键，在弹出的右键菜单中选择【查看对象特征信息】，此时特征影像被加载到视图窗口。

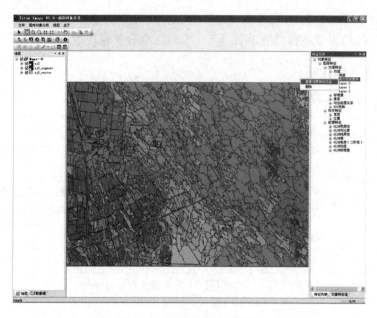

图 3 - 4　查看对象特征信息

图 3 - 5　对象特征信息视图

2）此时影像显示工具栏上的 （显示特征统计信息）钮处于激活状态，激活 ，在对象图上选取某一对象，即可显示该对象针对某一特征的统计信息。

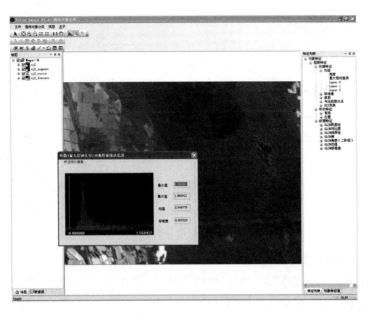

图 3-6　显示特征统计信息

3）在特征列表中选取某项特征，查看该项特征的对象信息，如果某一类对象在某个特征下与其他对象有明显区别，即可以通过该特征把此类对象区分出来。

（5）对象特征列表视图

当选定特征时，对象的一些特征值可以在对象特征列表视图查看。

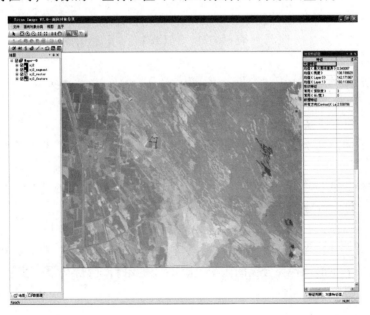

图 3-7　对象特征值列表

（三）例程展示

1. 规则分类

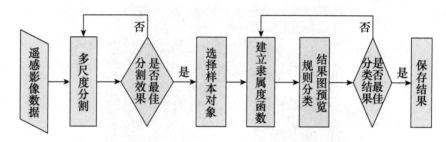

图 3-8　规则分类流程图

第一步：加载图像数据

（1）双击打开【国产陆地卫星图像处理软件 V7.0】，在软件的主窗口下单击【影像分类】，弹出【面向对象分类】窗口。

图 3-9　国产陆地卫星图像处理软件 **V7.0** 主窗口

（2）在【面向对象分类】窗口下选择【文件】菜单→【加载】→【常用图像数据】，或者在主界面左侧地图列表栏右击【加载】→【常用图像数据】，系统会弹出【打开】对话框。

选择要加载的影像（C：\ Program Files \ OTitan \ TitanImage70 \ SampleData \ 分类 \ xj. tmg）后单击【打开】，如图即加载一副图像数据：

第二步：执行多尺度分割

选择【面向对象分类】菜单→【多尺度分割】，首先弹出【选择分类影像】对话框：

（1）如果之前没有加载影像，选择【打开影像】，在弹出的【打开】对话框选择一副影像。已打开待分类影像则跳过此功能；

（2）针对整图进行分类，选择一副分类影像，执行【下一步】；

（3）针对局部区域，选择一副影像，执行【窗口范围选取】命令，在【处理范围选取】对话框下拉框选择要分类的区域，点击【确定】，执行【下一步】。这里针对整幅影像分类，因此跳过此步。

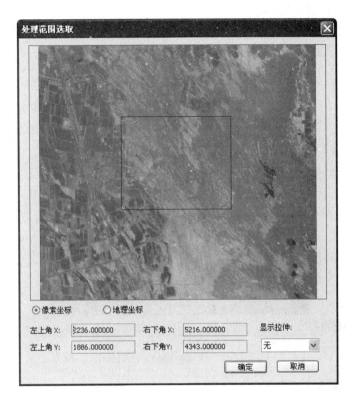

图 3 - 10　窗口范围选取

（4）弹出【执行进度】框（如下图），执行完毕后弹出【多尺度分割参数设置】对话框（如下图）：

多尺度分割参数设置对话框参数说明：

● 分割尺度：尺度参数是一个抽象的术语，可以决定结果影像对象最大的异质度。异质性标准包含两个主要部分：颜色标准和形状标准。

● 光谱：这个标准定义了影像对象的光谱值相对形状标准在整个均质度中占的百分比，改变它的值为 1 可导致完全使用光谱的均质性。

● 形状：除了光谱信息，国产陆地卫星处理软件面向对象分类可以帮助您考虑对象的形状，优化对象的均质度。

● 光滑度：这个标准用来利用光滑边界优化影像对象。

● 紧致度：这个标准利用紧致度来优化影像对象。

（5）设置好多尺度分割参数，点击【确定】，执行多尺度分割，分割完成后，原始分类影像同时生成一幅分割后同质（segment）影像和一幅矢量（vector）影像，并自动加载在左侧地图列表窗口，并在窗口显示，同质影像即为分割后的结果，每一块被填充上该块影像的平均光谱值。

用户可以通过右击地图列表 m_ 3909660_ sw_ 14_ 1_ 20080713_ vector. tms 数据，选择【属性】，在弹出的对话框窗口选择【图例】→【缺省符号】，在【图例属性】对话框修改面符号、边界色等。用户可以通过 🔍 按钮显示选择对象边界。

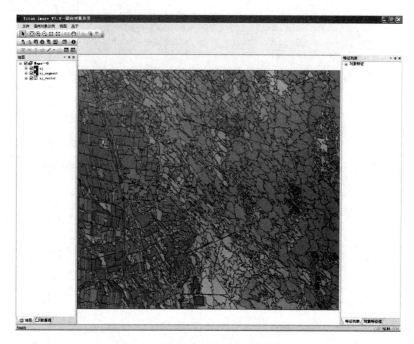

图 3-11　影像分割边界矢量图

第三步：规则分类

（1）在对影像执行了多尺度分割后，选择【面向对象分类】→【规则分类】，弹出【隶属度函数】对话框。

图 3-12　隶属度函数对话框

（2）点击■按钮为影像添加一个类。

图 3 – 13 添加类

（3）点击 ![按钮] 按钮，在弹出的对话框里编辑【类名】与【颜色】，在【类名】框中，输入"土地"，在【颜色】框中选择"黄色"，点击确定即加入"土地"类了。

图 3 – 14 编辑类

（4）重复以上操作，加入下面的类"植被"、"水体"等。

（5）点击分类影像显示工具栏上的 ![按钮] 按钮为每个样本选取对象。

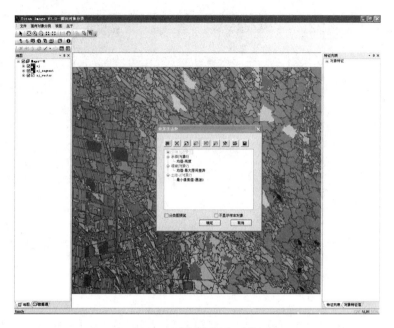

图 3 – 15　选取样本对象

（6）选择"土地"类别，点击 ⬆ 按钮添加隶属度函数，首先弹出【选择特征】对话框，用户可以根据前面提到的特征列表的应用来确定哪些特征能更好的区分影像中的不同的类。

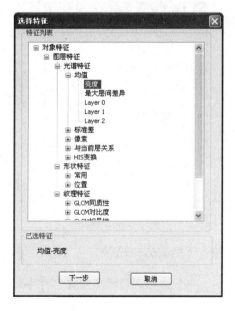

图 3 – 16　选择特征

这里我们为"土地"类选取【亮度】特征。

（7）选择特征后单击【下一步】，来设置隶属度函数。之前选取的训练样区的所选特征值会作为隶属度函数的初始值进行解算，生成隶属度函数曲线。其余的对象会根据隶属度函数间的逻辑关系（MIN、MAX、MEAN）、隶属度函数阈值和隶属度函数判断是否属于该样本。

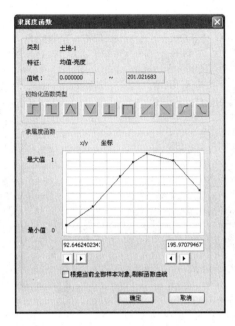

图 3 - 17　隶属度函数设置

注：隶属度函数阈值和函数间逻辑关系可以通过 按钮进行设置。

图 3 - 18　隶属度函数阈值与逻辑关系设置

（8）点击【确定】后该特征被添加，重复上一步操作来为其他类添加特征。

（9）分类结果预览及输出。

勾选【分类图预览】，可以预览影像根据当前的隶属度函数进行分类的结果，如果觉得某一类在当前的函数下没有分出来，可以修改当前隶属度函数。

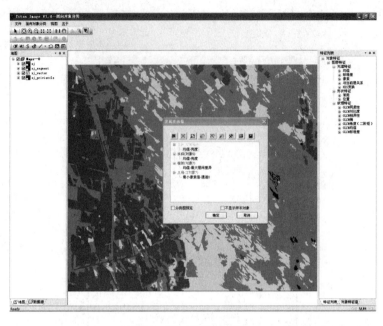

图 3 – 19　分类图预览

通过预览确定结果图已经为满意的分类结果后单击【确定】按钮进行输出。

图 3 – 20　是否导出分类结果对话框

图 3 – 21　分类结果输出设置

可以对分类矢量图勾选【执行同属性多边形合并】。